成為自己的內在英雄

6 種人格原型，認識「我是誰」，

—— 活出最好版本的自己！——

suncolor 三采文化

知名諮商心理師 蘇絢慧—著

自我檢測

你的內在人格原型是哪一種？

看看你目前正處於哪一個人格原型和人生的修練任務中。

以下共有60個小問題，請依照每個問題的陳述，回答自己是否有如此的感受或想法。以0～4分做為此狀態的強弱反應，0是完全不符合，4是非常符合。選擇時，請參考以下分數說明作答：

線上測驗

0分：從不
1分：很少
2分：偶爾
3分：經常
4分：總是

測驗開始

A組問題

1（　）我覺得這是一個美好世界。

2（　）我覺得這世界上沒有壞人，也不可能有任何壞事會發生。

3（　）只要我對人心存善念，對別人好，別人也會這樣對我的。

4（　）這世界上的人都該相互幫忙和支持，他們都會愛我和照顧我。
5（　）有些人會感到人生的黑暗和不幸，是因為他們不認識愛的存在。
6（　）如果有人想要欺騙我或傷害我，都是因為他們有苦衷不得不如此。
7（　）這世界應該讓所有人夢想成真。
8（　）這世界不該有惡的存在，壞人就是不對的。
9（　）這世界就該是一個公平、正義、幫助弱小，充滿愛的環境。
10（　）當我真心想要實現某個願望，全世界都要來成全我。

A組總計　　分

B組問題

11（　）我覺得這是一個充滿背叛和傷害的世界。
12（　）我覺得這世界到處都是可惡的人，欺凌的事一直發生在我身上。
13（　）我常感覺對別人失望，他們總是欺騙我和傷害我。
14（　）我覺得即使是家人或親人，也不愛我，我覺得我根本是孤兒。
15（　）沒有人能懂我有多寂寞、多憂傷，他們只是對我冷眼旁觀。

16（　）我會用喝酒、上網、購物或性行為等方式，來麻痺自己的感覺。
17（　）只要遇到對我稍微關懷的人，我就希望可以跟他永不分開。
18（　）其實我只想要一個可以一直愛我、照顧我、對我好的人。
19（　）欺騙我和傷害我的人都該死。
20（　）老天對我很殘忍，祂只要眷顧我多一點，所有問題都會解決了。

B組總計　　分

C組問題

21（　）目前我最大的問題是自我認同的問題，我不清楚我是什麼樣的人。
22（　）我其實不想開口跟任何人說話，我不想和別人有關係。
23（　）我寧可自己一個人生活、閱讀或書寫，都好過和人相處。
24（　）我曾嘗試參加一些團體活動，但總是覺得格格不入。
25（　）我會感到孤單，雖然孤單令人難受，卻又能體會做自己的滿足感。
26（　）我常常在想一個人獨處，或想參與群體的考量中，舉棋不定。
27（　）有時為了避免孤單寂寞，即使很無聊，我也會和別人在一起。

28（ ）我其實不知道何處是自己的歸屬，我常有不屬於這世界的感受。
29（ ）為了充分地享有做自己的自由，我寧可沒有親密關係。
30（ ）隔一段時間，我就會參加自我成長課程，或對心靈議題特別感興趣。

C組總計　　分

D組問題

31（ ）我很努力向上，我會證明自己的實力。
32（ ）我正向著成功邁進，我有清楚的願景和理想，為此打拚在所不惜。
33（ ）我充滿競爭力，對於獲得勝利樂此不疲。
34（ ）我相信「愛拚才會贏」這個信念。
35（ ）我會強烈地護衛自己的權益、信仰和理念，那是不能輕易妥協的。
36（ ）這世界是充滿現實的，想要什麼收穫都要由自己去闖、去奮鬥。
37（ ）我常感到必須和別人競爭，雖然恐懼和不安，但我知道必須面對。
38（ ）沒有真的去行動和嘗試，怎麼會知道結果。
39（ ）我能證明自己比別人優秀、聰明、有能力，值得更多的報酬和獎賞。

40（　）我了解到生存並非難事，我不僅擁有工作，更擁有成就感。

D組總計　　分

E組問題

41（　）我覺得付出關懷和愛，是人生最重要的事。
42（　）我覺得當別人有困難時，我就有責任去幫助他。
43（　）關懷孩子、老人或弱勢者，是天經地義的社會責任。
44（　）我所關心的人能否得到幸福，比我自己還重要。
45（　）我沒有辦法看別人受苦或難過，我希望能讓他們過得更好。
46（　）有時候我會覺得自己有一種被掏空的空虛感。
47（　）我曾經受過苦，但這是老天為了讓我歷練，成為能幫助別人的人。
48（　）只要自己能貢獻和付出，就是最有意義的事。
49（　）一旦幫助了別人，我常常忘了自己的存在。
50（　）我希望讓人欣賞，以及肯定我是一個心地善良的好人。

E組總計　　分

F組問題

51（　）我常可以體驗到一種心想事成的奇妙感。
52（　）我覺得和上天之間有一種感應，我知道祂賦予自己什麼使命。
53（　）我了解每個人都有光明面和黑暗面，並能從中更加地整合自己。
54（　）這世界有苦難、有挑戰，但都不能打擊我對世界的愛。
55（　）我知道這世界有惡的存在。在壞事發生時，我能看透人性的黑暗面。
56（　）即使經歷許多殘酷，我仍選擇成為世界的亮光，帶來希望的力量。
57（　）我關懷人們和世界，並不因此感到費力及無力。
58（　）我會學著帶給別人正面的能量，卻不背負他們的人生責任。
59（　）我正在學習如何靜下心，不為生活的未知憂慮。
60（　）我知道人生課題自有安排，我不用為別人擔憂，也不必為生活焦慮。

F組總計　　　分

測驗結果

人格原型檢測結果

請將A～F組各組總分記錄在上方表格中，並將各組分數繪製在下方圖表上，你可從中看見自己目前內在人格原型能量的分布狀態。

組別	總分	對應人格原型
A		天真者
B		孤兒
C		流浪者
D		鬥士
E		殉道者
F		魔法師

〈內在人格原型比例分布圖〉

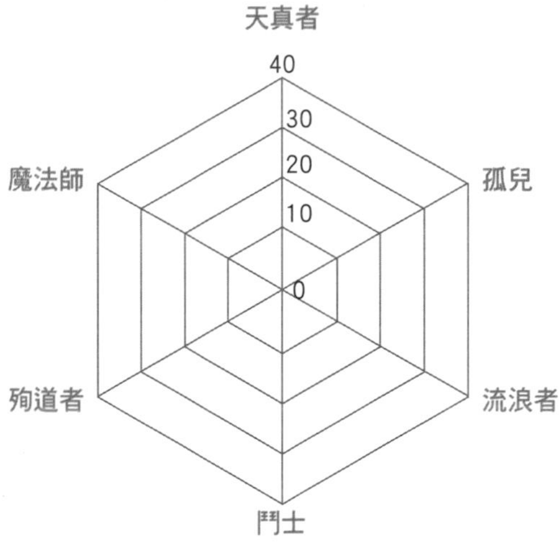

我的最高分人格原型：________________

我的次高分人格原型：________________

測驗解析

人格原型解析

你得分最高的人格原型，就是目前能量聚集，正在主導你運作的人格原型，以及你必須修練的任務，還有必須面對、學習的課題。第二高分是其次主導你的人格原型，以此類推。最低分為你日前較少發揮的人格原型能量。

天真者

目前主導你的人格原型是天真者。你希望在生活中常感受到美好的時刻，你不喜歡知道不好的事情正在發生，傾向不去正視這世界所發生的真實傷害或痛苦。你希望自己活在一個不會令你失望的世界，所遇到的關係，都能相互信任和支持。許多時候，你會有許多理所當然的念頭浮現，像是：「好人會有好報」、「你對別人好，別人自然也會對你好」、「這世界每個人都是友善的好人」、「相愛的人就會幸福快樂」等天真念頭，以此來期待世界。正處於天真者原型的你，對這世界還未真正地踏入及接觸，是憑自己的想像去認知世界，常被指為單純和天真，只活在自己認知中的世界。

孤兒

目前主導你的人格原型是孤兒。你可能長期經歷或正在經歷關係驟變，也可能失去所依。你有很強烈的受傷及被遺棄的感覺，覺得被這世界和他人拋棄，頓失依靠。對於別人對你的拒絕、不理解或是排斥，你難以理解，甚至產生很深的憂鬱和挫敗感，以致身心俱疲，並且有著不甘心的哀怨感，憤恨為什麼這世界可以這麼殘忍，不解為什麼他人會這麼無情和殘酷。正在孤兒原型歷練的你，目前最重要的是，如何面對失去或被背叛的事實，把自己從跌倒負傷的情況中，扶起自己，陪伴自己再度站起來，往生命的前方，勇敢踏出下一步，離開你對舒適圈的完美期待和想像。

流浪者

目前主導你的人格原型是流浪者。你可能告別了一段重要關係，或剛離開一份做很久的工作，而感到身心俱疲，也對過往的人際關係充滿疑惑或失望。無論出於主動或被動的因素，你都有點刻意地不再和人群靠近，也不想歸屬於任何群體、建立任何關係。現在的你，需要給自己多一點兒時間和空間，修復身心，重新認識自己，找回失去已久的自我。現在的你，有一種只想好好和自己在一起的念頭，走著自己既孤獨又緩慢的步伐，在未知的人生旅途上，尋回自己破碎及遺失的散落靈魂，重新學會與自己相處和親近。

鬥士

目前主導你的人格原型是鬥士。這個階段的你，有許多來自現實世界的挑戰和問題，等著你去克服和解決。你可能天天都必須面對從未接觸的領域或產生的問題，也會遇到許多必須去抗衡或改革的不公、不合理的壓迫。在這一個階段的你，必須像個鬥士一樣，不斷地鼓舞自己，提起勇氣去殺出重圍和困境，這是你體認自己有多少力量，能捍衛多少權利的過程。現在的你，有面對不完的挑戰，必須保有熱血和活力，去為自己的理念或認為有價值的夢想奮鬥，因此，你可能會出現情緒焦慮及暴躁的問題，也可能遭遇許多挫折。你同時需要學習去克服：如何調節及管理自己的身心、能量、資源及時間，在最佳的運作狀態下，保有你的戰鬥力，有效解決前方的阻礙。

殉道者

目前主導你的人格原型是殉道者。你現在的生命階段可能有你必須花許多心力去付出和照顧的對象，他們可能是孩子、老人、病患，需要你幫助或教育的對象，也可能是一個組織、機構。他們需要你全神貫注地付出精神和能量去扶持和關照。為了因應許多外界的需求及照顧好他們，你時常處在疲憊和必須打起精神的循環中。若是你無法守好關懷他人的界限，你會感到一種因為過度耗竭的無力及空虛，心中累積許多委屈和負面情緒，而成為你沉重的壓力。所以，當務之急，你需要學習如何建立關懷他人的界限，以及真實地體認自己的能與不能，並且學習「好好照顧自己，才可能照顧好別人」之道。

魔法師

目前主導你的人格原型是魔法師。這意謂著你已經走過一段艱辛、黑暗的探索和修練歷程。現在的你，可以清楚感受到自己的能量和天賦，也比過往更清楚自己該朝著愛的方向前進。因著你的經歷和磨練，有些人會開始向你請問和討教一些生命的問題，以及克服之道，而他們從你簡短、極富啟發的回應中，感到深受幫助。人們可以在你身上，感受到被支持的能量、希望和愛，因此渴慕親近你、與你產生連結。若你沒有多加覺察及自我反思，可能會陷落在必須維持某種高人一等的形象，而讓自己恐慌和焦慮不已。更害怕自己如果不能化解別人問題，會不會被質疑及識破，因此就容易用控制和支配來指揮別人、命令別人。在此階段的你，需要真實地整合自己內在的光明面和黑暗面，成為一個統合、完整的你。

※更多詳情，請閱讀本書第二、三章中各人格原型的深入解析。

人格原型總分意義

你獲得的該組人格原型總分越高分，代表越符合此人格原型的課題和生活情境，你需要面對或因應此人格原型的能量。總分意義請參考下述說明：

35分以上：

若該組原型總分35分以上，代表此人格原型的能量能讓你發揮所有潛能，卻也可能讓你疲於應付。你需要了解如何能突破或真正轉化此原型的課題，減少焦慮和失衡感。

25分～34分：

當該組原型總分超過25分，表示你的這類原型能量正在生命中強烈主導、運作中。

16分～24分：

若該組原型總分介於16～24分之間，顯示此人格原型能量已趨緩，可能表示你已完成歷練，找到調適的方式，或是面對人格原型課題的方式，建立起新的秩序，因此能量移動到其它需要你去經歷的人格原型課題和任務上。

15分以下：

若該組原型總分是15分以下，代表你的此類人格原型可能有過度壓抑或迴避的傾向。也代表此人格原型的課題和任務，可能被個體切割，拒絕面對，或否認身上有此原型的能量。

測驗完，請依照你目前分數最高和次高的人格原型來加以了解或反思，自己所面對的生命課題和任務。透過書中的各個人格原型說明和解釋，來和自己目前的生活情境和困擾加以連結，並運用書中所提供的改善和轉化建議，幫助自己勇敢歷練，讓內在力量更加茁壯。

若是發現自己有壓抑或拒絕的人格原型（該組總分15分以下），也可從中了解自己是否有拒絕面對真實自我，及抗拒接受此人格原型的相關情境或問題發生在自己身上。

「成為自己的內在英雄」課程學員，感動推薦

大前年開始，我經歷了一連串的挫敗，以天真者眼光所看待的世界開始崩壞，我來到孤兒的角色，覺得被世界遺棄，期待被救贖，能回到伊甸園的美好。

因著絢慧老師的引導，我開始練習不再否認痛苦與面對這世界的真實，進而能走上流浪者的旅程。這是本我、自我、超我相互整合的歷程，更是第二生命誕生的起始點。我開始學習照顧自己、為自己發聲，也如實感受到心中的鬥士的出現，告訴孤兒的自己：「別怕，我來成為解救你的英雄。」這段歷程，我仍持續進行著，期待有一日能走上魔法師的旅程，真正能有「回家」的安心與自在。

——林淑靜

「成為自己的內在英雄」這堂課，對我而言最大的意義是體悟到上天要我們學一樣功課，就會讓我經歷特別的情境。然後，如果我們沒有學會，這個功課就會延宕，延宕直到我們學會為止。

人格原型有點像是為你量身打造的一個人生指引方針，因為每個人都在自己生命不同處境有不同的課題。有一個系統性且清晰地幫助你去辨識你此刻的內在狀態，然後對於自己的人生處境做出對自己最好的選擇！

——涂健程

「成為自己的內在英雄」這堂課，讓我探索自己生命的原型。從天真者到魔法師，每個人人生中會因為各種不同的成長背景或因當時環境的變化下，讓我們必須呈現不同的人格特質。

內在英雄可以讓我了解到生命歷程中，哪些人格特質是我所缺失的，為什麼我會缺失，是值得自己好好再去探索的地方。

我常常會在固著的負向循環中打轉，當釐清了自己真實的面貌之後，才能如實地面對自己，也才能成為完整的自己。

——林怡君

結束內在英雄帶狀課程至今已經快要一年了。這段時間，我時不時地會覺察現階段的人格狀態，並且試著理解它們的轉化與沉溺，有些時期不單只有一種人格存在。課堂上，老師也讓我們了解到，每一種人格的出現，最重要的是去面對它們，只要成功轉化，它們就都是英雄，都是自己內在的力量。

雖然，我對於生命依舊還是充滿著許多困惑，但這門課程能讓內心更有力量，那股力量是自己願意去行動、去做一些什麼的力量，且真心為自己的人生負責。

——陳子楹

從前我一直是一個凡事都要依循規則，不容許有一絲不完美的完美主義者；這樣的人格特質讓我常常處於水深火熱的狀態，對自己不滿的同時，也看別人不滿意不順眼！

我常常在加害者、受害者和尋找拯救者中不斷地負向循環，想要改變自己卻不知道從何開始。停止抱怨是改變的第一步，開始願意承認自己的不足，坦然面對生命中帶來的課題，開始懂得「命裡無時莫強求，命裡有時終須有」。

透過「成為自己的內在英雄」這堂課，我走上了尋找自我的旅程，相信真正的歸屬是我和自己的深層連結。

當開始越能做自己：「我」就是自己這世上最堅強的後盾。完美的人生，就是不完美；我不追求完美的人生，因為我「完整了自己」。

——謝淳雅

作者序

人生會卡關，是因為你不認識真實的自己

——知名諮商心理師 **蘇絢慧**

這本書是要向你揭開生命傷痛及內心陰影的真相。關於困境或是任何的痛苦，都意謂著我們的內境（自我內在）和外境（外在情境）之間，有著許多衝撞、衝突、失落及挫折，但其實這是一連串修練自我成為「內在英雄」的過程。

我們並非一出生就具足智慧、勇氣、力量和愛的能力，去成就及實現真我，畢竟我們連自己是誰都不認識、不知道，到底有什麼能力和潛質去成為獨一無二的自己，這是你毫無概念的。因此我們需要啟發、探索，同時需要鍛鍊、反覆練

習和領悟。

在人生中，你可能會受困，感受到自己的限制，你也可能突破，感受到自己的成長。這一切的經驗，若能帶有更高的意識，來覺知自己正在面對什麼、鍛鍊什麼，一切都會對你有不一樣的意義，也有不同的覺知。

根據我的經驗，如實地接納自己在轉化成熟過程中的課題及任務，敞開心去面對生命所安排的鍛鍊情境，我們才能從歷練中獲得正向回饋，得到成長的力量和能力，實現想要完成的人生。**即使有卡關，卡關都代表我們即將升級，只要我們願意突破、願意勤練技能、願意勇敢面對，你會發現自己就是一個蛻變中的英雄，你將有所不同，體會到自己生命的真實力量。**

我如何成為自己的內在英雄？

我的童年至五歲前，居無定所，沒有穩定的照顧者，我甚至沒有留下什麼深刻印象，究竟那些照顧我的人是誰？我究竟留在那些人身邊多久時間？

日復一日、夜復一夜，我像是一個沒有父母、也沒有家的孩子，一直被照顧我的人嫌棄著，覺得我讓他們多了一份開銷，多了許多麻煩。我就像是不該存在的小孩，應該要照顧我的父母不知道去了哪裡。

這是我生命的基底，就像是一鍋湯的湯頭。**早年經歷的依戀關係不穩定，及依戀情感的缺失，讓我內在存有一種說不出的「這裡不屬於我」的孤寂感，時常懷疑我的存在是一個不該被生出來的大問題。**「我」是那兩位不成熟也衝動的大人，不顧後果又缺乏理智下所製造出來的「麻煩」。

猶如棄嬰的我，來到這世界的起初，沒有擁抱和微笑迎接，而是皺眉和嫌惡的表情對著我。沒有人關注我的出生，當然也沒有任何的親吻和疼愛、悉心呵護及關照。在往後長大的日子，我雖不再顛沛流離，卻仍要寄人籬下，在不是屬於我真正的「家」，我必須忍受一切及努力獲取生存。

這影響著我後來看待自己的角度，及對待自己的方式：沒有期待、情感、喜樂，當然也沒有任何對自己的珍惜和愛護。我一點兒都不喜歡自己是個孩子，只能不斷承受環境及別人的不友善和攻擊，無助和脆弱地被他人任意傷害，不論是精神或肢體方面的，暴戾的、咆哮的、指責的、謾罵的、質疑的、虐待的，我什麼都躲不開、逃不了。在我仍是孩子的那個時代，不論你生在哪種家庭，遭遇到什麼，這都是你的命，沒有人會去關切一個小孩過著什麼樣的生活，就算我身上時不時有傷，也不會有人過問。

但是身體的傷，不是最嚴重的，而是心理的傷。大腦裡認知和情感的傷，讓我用盡所有力氣，拚命對抗，勉強咬緊牙關，才能苟延殘喘活下來。因為身體的傷會結痂，皮膚上的疤痕，日子久了也會淡化，但心理的傷，卻成了我在生活中，不論求學、工作、戀愛、交友或投身於社會時，時時刻刻都有著說不出的辛苦和挫折來源。

我不知道自己活著是為什麼。一出生就被視為問題和麻煩，不應該存在的一個「東西」，活著有意義嗎？多活一天不就要承受多一天的折磨和痛苦嗎？所以，在我印象中，我總是想，最多只活到三十歲就好，也算對得起我這個毫不起眼、了無意義的生命了。

我時時刻刻希望童年趕快結束。童年的痛苦及無助，還有一身的卑微和用力討好，讓我很厭倦也疲累，所以我總是想要快快長大，雖然我並不知道長大要做什麼，長大了，過的日子就會不一樣嗎？我不知道。

「不服輸」的執拗個性，讓我想賭賭看自己的命運是否真的從頭到尾是一手爛牌。因為這個「賭」，我幾乎用盡心力地拚搏，想掙來所有我認為自己應該擁有的。別人有的一切，我都想要，我想要證明我自己的存在不是錯誤、不是羞恥，也不是問題。我拚命想證明自己有能力、證明我夠好、證明我值得存在，結果呢？我摔個四腳朝天，像從天上誅仙台被踢下來，驅逐出境，墜落到荒蕪地獄的落難者，沒有得到任何的同情憐憫。

我什麼都失去了，在人生的某一刻崩塌後，曾擁有的一切化為烏有、煙消雲散、全然瓦解。**我以為我擁有的，其實我沒有真的擁有；我以為屬於我的，結果並不屬於我，或者說擁有那些，並不能保障我什麼。**

我像是一個嚇壞的人，驚魂未定。我以為只要照著這主流世界的遊戲規則，努力比拚競爭、努力建構擁有、付出給予，那麼自己一定會被認可是一個有價值的人。

我究竟是誰？我究竟在追逐什麼？我又究竟被什麼窮追猛打，讓我拚命地往前奔跑，就害怕自己一不小心，就會被趕盡殺絕，就怕自己一不注意，就會活不下去。

我不懂不認識自己，也不懂我所處的這個世界是怎麼回事。這個世界有正義嗎？有公平嗎？有仁慈嗎？有厚道嗎？為什麼不是努力地做個好人，就會有好報？就會被接受認可？為什麼你不做傷害他人的事，但那些傷害你的事，還是會發生呢？

在經歷了許多背叛和被諸多傷害打垮後，我不得不經歷許多人際關係的變化和分離。

有一段很長的時間，我猶如進入另一個時空，那一個時空只有我自己，我在一個沒有任何人存在的混沌之地。彷彿在穹蒼之間，只有我看見我的倒影，再也沒有任何人、任何事，與我有所連結。

體驗到全然的孤寂、無聲、沮喪、無力、癱軟的那段時間，我被迫面對我自己，面對關於我這個人的誕生與存在，我才漸漸甦醒，漸漸地意識到：

原來，前面將近三十年，我只是不斷地求生存，確保自己可以活下來，而不斷地符合、討好外界的標準和規則，深怕自己被淘汰。然而，我卻不認識我自己，不懂我自己這個人的情感和意念，不理解我自己人生的經歷和來自過往的許多影響。我不知道「我」是如何被創塑的，又為何要存在於這個世界？

這個關於生存的衝擊及不停跌落，讓我像一個隱匿在不知名黑暗角落的隱士，沒有歸屬、沒有依靠、方向，沒有什麼需要我或我一定要去做的。我只是活著，跟大量生命創傷後的龐大複雜情緒共處共存，就已耗掉我大部分的精力，我對我的人生完全無可奈何，即使焦慮掙扎，也只能學會放手。

那段日子裡，我時常夢到自己在走一條非常黑暗、也非常長的隧道，每次在夢裡都走好久。但不管走多久，好像都走不完，完全看不到出口。而那條隧道只有我自己一個人走著，即使摸黑著走，在那些夢境裡，都沒有任何一個其他人存在，沒有身影，也沒有聲音，就只有我自己。

或許正因為這徹底和世界隔絕、斷開的情況，我才必須學會認真面對我這個人，也才有機會嘗試弄懂自己，和自己化敵為友，真實和好，重新相處和理解。

在學習真實面對自己，以及和自己相處後，我才算是明白什麼是「覺察」、「自我對話」、「領悟」、「和解」。那段日子快過去的尾聲，我甄試考上了心理與諮商研究所，感覺自己又要重新準備回到這現實世界。然而，我知道自己已經和過去有所不同，「我」有了不同的內涵、狀態、力量，我知道我為什麼要前進，也知道將要往哪裡去。

從那刻至今，已過了十三年，我仍為自己的願景，和對世界的愛，試著盡點心力，貢獻自己的專業和生命力。當中的挫折、失誤，甚至失敗，仍會出現，但我已和生命的前三十年不同了，挫折和失敗並不會打垮我，或像是要把我吞噬及消融，我可以感受到我內在的力量真實茁壯，不可同日而語。

人生的痛苦困境，是為了叫醒沉睡的你

過往經歷的破碎和毀滅，對我來說無疑是巨大的痛苦，但這痛苦卻把沉睡的我叫醒，讓我和過去所有舊的運作方式告別，也和不對的關係、不對的互動方式

有個結束、有新的轉化。

我因此產生了領悟：**過去的我，活在一個不認識自己是誰的狀態，為了追求認同及肯定的生存安全，費盡一切心力，只想世界對我說：「好，我們允許你可以安心存在」，卻只覺得像在一直撞牆，或一直走迷宮。經過覺醒和絕對的孤獨後，我迎接自己的第二次誕生，真正誕生到這個世界，但不再是過去「我以為」的舊世界，而是一個透過我自己親自體悟的新世界。**

生活，總佈滿許多不安和恐懼情境，但這是為了激發我們內在的勇氣，引領自己在每一次面對人生的坎時，能真實累積生命歷練和經驗，不再迷失和淪陷在害怕失敗及被否定的自我應驗中。

生命，既是未知，就要把生命的未知充分地拿來創造，而不是侷限和束縛。

若你浪費生命的能量，放棄如實面對自己的鍛鍊課題和生命任務，到最後只會被自己所不喜歡，甚至厭惡的人事物纏上，你會失去選擇的力量，直到耗盡你所有的元氣能量為止。

這一生，我們真正能把握的，也值得成就的，就是一個如實成長、成熟的自我。讓自己活生生、實實在在、真實完整地存在，好好地接納你成為你自己，就是此生最重要的事。

如果你願意敞開心接納完整的自己，並如實地讓自我磨練、面對人生的課題，那麼在你拿起這一本書閱讀之後，願你握住了一張心靈地圖，以勇氣邁出成為自己內在英雄的堅定步伐，為自己實現此生的最高價值與榮耀。

目錄

CONTENT

Chapter 1／什麼是「內在人格原型」？

我們的一生，是一趟自我轉化、成熟、完整自己的歷程，生命中經歷的每一個關卡，都是讓「自我提升」的良機。

Chapter

2

認識人格原型，展開你的內在英雄之旅

內含六種人格原型的全面解析：

・原型表現・最大心魔・卡關困境・自我覺察引導

・完成任務，通往下一關

Chapter 3

聆聽渴望，成為真實完整的自己

內含六種人格原型的晉級關鍵：

・如何完成這階段的生命任務？・強化內在力量的練習

・提升自我的修練清單・心靈提醒

Chapter 1

什麼是「內在人格原型」？

我們的一生，
是一趟自我轉化、成熟、完整自己的歷程，
生命中經歷的每一個關卡，
都是讓「自我提升」的良機。

人生，是個專門為你設計的線上遊戲

當你登入人生以後，有了自己的帳號，就開始進行這一套屠龍過關的晉級遊戲。

我們每一個人，都有屬於自己的容貌和性格。從基因的組合到誕生出來後的各種特徵、特質，讓我們形成了一個獨一無二的自己。

然而，誕生的初始，我們並未認識這個自己，更多的時候，我們對於自己和他人的存在，是混淆成一體的；對自己和別人的不同之處，是混沌不明的。所以，我們會把主要照顧者，特別是孕育我們的母親，視為是自己的一體，我們不舒服，他就出現；我們餓了，他會餵飽了我們；我們心理感受不佳，他安撫我們，給了我們慰藉溫暖。我們弄不清楚自己是誰，我們以為他就是我，我就是他。這是我們依戀及依賴共生的起源。

一直到慢慢長大，我們開始用主要照顧者的眼光和角度看自己。

當他說我很壞，我就覺得自己是壞的；當他說我很乖，我就要自己乖乖的；當他說我惹他心煩，是一個麻煩精，我就覺得自己真的是個麻煩，讓他不喜歡、不開心了。

他怎麼看我、說我，我就怎麼看自己、說自己。為了不要和他撕裂分開，為了和他永不分離，我們便讓自己順從他，依照他的情緒喜惡來決定我應該做什麼、不應該做什麼。這樣做就不會形成差異，而造成我和他之間的分裂。如果不保持順從及符合，那些強烈不和諧、不一致的情感衝突，將使我們內在產生巨大的痛苦、焦慮和不安。

這是我們依戀主要照顧者（通常是媽媽）的過程，也是一種想要保持融合的狀態。因為情感和生活照顧的需要，我們害怕失去這一個重要的他人，在我們還無法透過自己的摸索及思考來認識自己是誰之前，我們用他的角度、用他的感覺及情緒、用他的觀點看法，來認識我這個人，也認識所存在的這個世界究竟是什麼模樣、是怎麼回事。

若是我們在成長過程，始終沒有一刻，試著從自己的人生歷練及生活經驗進行摸索、覺察及自我理解。我們可能都沒有機會，可以離開這個主要照顧者的角度及眼光，重新認識自己，好好清晰地認識「我」這一個人。

這麼看來，要成為一個真實的自己、真正的自己，並不容易。如果我們從未有一個清楚的意識，想要透過自己去覺察及認識自己，那麼我們可能就在生活中，渾渾噩噩地為了生存，無意識地靠著本能活著，無意識地對來自外界的要求有所反應。至於「我」究竟是什麼、究竟是誰，根本不重要。完全不會被自己重視，也就很難開展更高的覺知意識來發掘自我潛能、探索自我本質，並整合成一個完整且成熟的自己。

所幸生命的存在本身，並不會讓我們停滯在「動物」本能而已。因為人類大腦演化上的發展，我們有更高層的意識，想要追尋有意義的人生、有價值的生命歷程。我們想要提升、成長、成就，在集體潛意識裡，都會隱藏著想要邁向自我整合（內外一致且完整）的完成個體化之路，真正如實地成為自己——我就是我，一個無法被取代的我，並真真正正地長成屬於「我」的樣子。然後，實踐自己的生命藍圖，實現生命的最終目標：擁有自己從誕生、成長、蛻變及成熟的完整體驗及領悟。

這也是一連串自我意識的覺醒歷程。從對自我存在的懵懵無知，到追尋他人的認同及肯定，再到放下那些框架般的標籤及束縛，邁向個體自由的解放、解構及重新建構。這當中要歷經的過程及道路，千辛萬苦、長路漫漫，路遙看不見盡頭，更常陷入陌生地區，迷路撞壁，前不著村，後不著店，孤獨異常。

如果沒有試著鍛鍊內心能量，提取內在的正向情感資源，在自我實現及自我完成的人生過程中，可能會因著一時的困頓、無望，及情感能量的匱乏與不足，而讓自己陷落，無法再次站起來，難以堅持地走到最後。

人生為什麼會一直卡關？

很多人在這一段說不清楚「人活著究竟是為什麼」的人生歷程裡，無法獲得清晰的意識，去通透或洞悉自己究竟在鍛鍊什麼，又在面對什麼。究竟是什麼地方走錯了，還是哪裡弄糊塗了，為什麼自己老像是在同一個地方卡關、迴旋，就是無法走出一片新天地，讓自己舒展筋骨、揚眉吐氣、自在開闊呢？

人生，就像是一個專門為你設計的線上遊戲，當你登入以後，有了你自己的帳號名稱，就開始進行這一套屠龍過關的晉級遊戲。每一次要晉級到下一關前，都是最難突破的時刻，讓你痛不欲生，想抓破自己的頭，踱壞自己的腳，恨自己為什麼技藝無法高超到一下子就通行無阻，為什麼總要體驗到反覆挫敗，無法順利而行的困窘？

人們常以「線上遊戲」來比喻人生是什麼，並說明可能會有哪些不同的人生任務，做為遊戲的各關主題。而我在本書中所要引用及說明的是做為不同關卡主題的榮格心理學理論的「人格原型」，以其理論中提及的「提升個體性轉化歷程」，來詮釋和說明我們一生究竟在進行什麼任務，要朝什麼目標前進，而努力的一切目的是為了什麼。

這一趟人生的旅程，我們都有需要面對的關卡及任務，這是每個人在自我發展及成為完整成熟人格個體，無法迴避的生命課題，以及必要的自我淬鍊考驗。

透過不同「人格原型」任務及課題的歷練及琢磨，我們的內在得以獲得正向的成長力量，激發生命本身蘊藏的天賦，以提升自我的潛質，轉化為更臻成熟的能量及智慧，最終成為能安身立命、對生命不惑、知己天命（天職）、從心所欲，並具有完整自性的真我。

內在的歷練，是自我意識的革新及轉化

當然，這樣的生命成長及蛻變轉化，沒有簡易版的公式，也沒有操作捷徑或外掛程式，所以，箇中滋味只有個體知曉，也只有個體能深刻體會、通透。當中，還包括個體的學習力及領悟性。要如何抓到重點，抓到訣竅，還能融會貫通、舉一反三，除了本身具備的資質是影響的關鍵之外，是否能虛心請教，得到適切的指引和助力，所謂自助人助、人助天助，都是當中存在的許多變數。

總括來說，這一連串往上提升的人格成熟修練，實屬內在的，也是屬於品格的，關連到一個人和他人關係、大自然之間的情意、態度和覺悟。自始至終，我

們都會在這樣的修練及提升過程，離開軟弱無助的小孩狀態，不再是一個耽溺於依賴及索求滿足的嬰孩，並能透過自我學習及各樣訓練，茁壯自我，強化能力。在獲得足以安全的生存保障下，進一步地在生命的各種歷程中安頓好自我，並漸漸發展及尋找到將生命能量及天賦才華貢獻給世界、造福群體之路，心有餘、力也足地為世界承擔起一份責任，願意看見這世界萬物的共榮共好。

因此，這樣的自性修練和自我完成，不是生命中哪一個短短的階段可以達成及透徹的，乃要以一生的生命，幾回合地進行，才足以擁有豐厚的內在，了然這奧妙的「生命意義」。

認識「內在人格原型」系統

透過「人格」的表現，將影響著我們的生活，以及遭遇的問題和情境。

現在，我們需要先針對所謂的人格原型加以認識。「人格原型」是指我們內在之中，都存在著集體潛意識所形塑的人格面貌或版本，導引我們活出某些特質，鍛鍊出某些能力，也從歷練中學習身而為人所該面對的成長課題及任務。

從榮格的理論來了解，「人格原型」存在於跨人類種族、文化的集體潛意識之中，並以本能、直覺而衝動的方式出現。在我們未意識到之前，我們的潛意識都含有這些人格原型的存在。這些集體潛意識的人格原型包含了社會文化和歷史習俗的內涵，也具有某些宗教或神話的隱喻。此理論所涵蓋的面向和層次包羅萬象、博大精深，兼具東西方的神學及哲學發展基礎。

人格原型，是一組含有固定思維、情緒感受和行為特徵的模組，透過「人格角色」的呈現，影響著我們對生活的適應力，及可能遭遇的問題和情境。

而每一組人格原型裡，都含有每個原型獨特的主導情緒，及為個體帶來的生命課題。若是面對、學習、歷練及轉化負面的力量（傷痛及陰影），則我們便會朝向下一個人格原型的任務走去，向上提升。反之，若我們耽溺、沉淪了，則我們會在這個人格原型裡成為受害者，遲遲無法克服此人格原型帶來的生命課題，也就無法如實地朝向成熟、成長的方向前進，而使人生的歷練滯礙難行。

我們的一生中，至少會經歷六種人格原型：天真者、孤兒、流浪者、鬥士、殉道者和魔法師。

這些人格原型的鍛鍊和修成，是為了讓我們歷練成長，及從過程中學習及磨練我們未通達的人生課題，同時獲得各種能力以發揮自己的潛質。本書的描述重點，便是希望有心探索及覺察自我的人，能及時辨識出自己的人生課題，給自己勇氣，去承認及面對自己可能一直逃避、否認的生命轉化關卡。

生命的意義：成為獨一無二的自己

身為人類，我們和其它動物不同之處，就是我們會探尋生命的意義。在還未理解這些意義前，我們可能會以為生命的意義是某種社會成就的成功，或實現自己的理想。然而，那些外在世界的成功及條件肯定，所帶給自己的價值感及成就感，其實很短暫。即使證明自己有能力獲得獎勵或報償，人的空虛感及無意義感，還是很容易發生。

這是人們找錯了方向，誤會了人究竟這一生「為何存在」的意義。那些外在條件的獲得，及成功的成就，確實令人振奮及開懷。然而，若專注在擁有外在物質上，很快地，你就會迷失自己，沉溺在害怕自己擁有不夠的恐慌中，用一個一個的目標及成績，要自己達成，以此鞏固自己存在的意義及價值。

但可能一個失敗，或不如預期的事件，就能讓你因為挫折感而鬱鬱寡歡，一蹶不振。所以，以那種方式尋找自己的生命意義，只是暫時，甚至可能到頭來，當一切都成過眼雲煙，你還是不明白，自己的存在究竟有何意義。

生命最重要的，就如蘇格拉底所說：「這一生最重要的事，是認識自己。」

而認識自己，即是認識自己的獨一無二，了解自己是全世界僅有的，沒有複製品，也不會有山寨版，一切都是原汁原味，道道地地的原創。

在認識的過程，是認識全部的自己。不論是自己認知的「好的自己」或「壞的自己」。不論是自己對外形塑的面貌，還是私下只有自己看得到的面貌。不論是你喜歡的部分，或是不喜歡的部分，你都要能承認及面對，持平中立地不帶成見，不偏執地去認識及了解所存在的每個真實部分。

當你有所隱藏、壓抑，或是想切割，假裝自己沒有某些部分，這不僅會讓你對自己認識不全，也會讓你活得偏執和極端，更可能因此扭曲變形，成為自己也陌生及疏離的人。

人生，是一段自我挑戰及勇於蛻變的過程

如果，我們定睛凝視生命的自始至終，便會發現一個事實，就是生命是一個

圓弧線。

生命的初始到青春期，我們是走一個上揚的過程，歷經青春期的生理變化，我們有了第一次的脫胎換骨。但這樣的脫胎換骨，是生物性的。為了轉大人，成為一個生理成熟的人，我們都會走過這個過程。

接下來，經歷青少年期的最佳體能，彷彿一切都有可能發生，這也是身體機能最有活力的階段。這是生命的高峰，我們擴張、拿取世界的資源，我們以為自己無所不能，任何事物都阻攔不了自己的渴望和慾望。

到了中壯年時，我們便依照每個人之前的奮鬥、耕耘及扎根，累積屬於自己的收成，不論那是物質的，還是精神層面的，我們都在體認依照自己的能力和努力，究竟可以擁有什麼。同時，我們也開始感受到自己的生理條件及運用方式，必然要面臨由生理回饋而來的各種衰退、障礙及代價。

那是下墜的開始，直至老年期，我們要適應一個用了許久的身體，也許年久失修，也許還老當益壯，但無論如何，生命的沉寂及落幕，都在眼前，這是必須面對的事實。

這是生命的真相及事實，每個人的人生都是這麼一回合，沒有什麼能永久不滅，也沒有什麼會永遠存在。

那麼，人的這一生究竟是為了什麼？若是註定要失去，那又何必擁有呢？這正是許多人的疑問，和產生無所謂、無意義反應的來源。

所以，生命自始至終真正重要的，不是那些外在條件及物質的擁有，那些擁有的過程，也只是你認識自己能力的一種過程。

然而，不只「擁有」是一種你認識自己的過程，「面對失去」、「接受跌落」，也是你認識自己的過程。

外境不論發生什麼，都只是提供你一個局面，就像下棋者的棋局，你怎麼思考、怎麼感受，怎麼選擇及決定你的行動，都將成為反映出你這個人的鏡子，鏡映出你的人格、思考模式、情感特徵，還有處理危機和問題的能力。

或許你能致勝，或許不，不管結果如何，這都是你的抉擇及移動，在當中所形成的效應，和編寫出的結果。

認清自己的內在原型，就能實現自我

「認識自己」是人生歷程中，不斷持續進行的。然而，認識自己的過程，是為了最終能如實地「成為自己」，才不會在人生過程中迷失、散落，而遺忘那個原原本本該長成什麼模樣的你。

不用懷疑，在你未如此正確認識自己之前，你可能都在打轉，在人生局面裡繞圈圈，像走迷宮一樣，一直找不到出口。在你還未認識自己之前，你可能一直都在追逐別人所期待的你、滿足別人所計畫的你，而不是你真真切切知道自己究竟會長成什麼樣的一個人。

生命會自然而然地熟成，像一棵植物一樣，你是什麼就會成為什麼。如果你是蘋果樹的種子，你就是會長出蘋果樹，並結出蘋果的果實，而不該期待自己是橘子樹、葡萄樹，或其它種植物。

或許植物不需要特別經歷什麼，只要有時間、空間和適度照料的培育，就能自然而然地熟成。但人類的生命不是如此，你不會不用經歷什麼，就自然而然地長成你理應的模樣。在我們未開竅之前，我們就像沉睡在心靈意識繭中的幼蟲，沒有頓悟，也沒有領會。或許一輩子都如此沉睡，沒有認出自己是誰，而在繭中自縛，或就此死亡也說不定。

生命本身，其實就是自我挑戰及勇於蛻變的過程，也就是你要能意識覺醒、羽化，勇敢掙脫生命的束縛及牢籠，讓自我展翅高飛，看見自己終於得以完成真實自我的過程。

外在的形式，那些表象的人事物，都只是讓你認識你自己是誰，接受一些挑戰及衝擊，使你得到意識及心靈的覺醒，為自己踏上脫胎換骨的歷程。真正樂於看見自己的生命茁壯成長，得以蛻變轉化為完整獨立的自我。

而這樣的過程，我們可以稱之「成為自己的內在英雄」的生命旅程，也可說是成為「完整成熟自性」的蛻變之旅。

人格的轉化，是一個歷程（請見49頁圖）。我們一生中面對這樣的轉化歷程，可能會經歷二至四回合。當然這二至四回合不是原地踏步，而是螺旋式地往上提升的歷程（請見50頁圖）。

人格原型轉化歷程循環圖

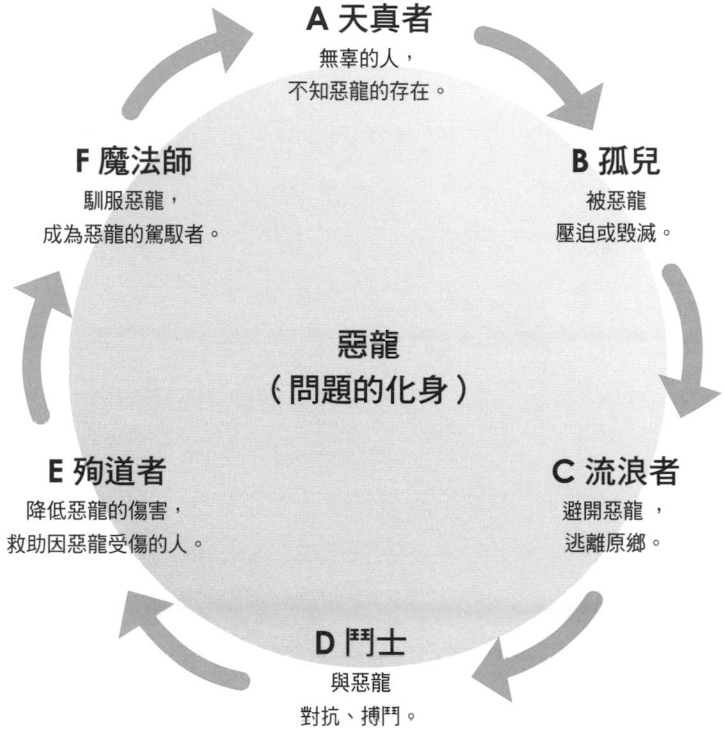
A 天真者
無辜的人，
不知惡龍的存在。
B 孤兒
被惡龍
壓迫或毀滅。
C 流浪者
避開惡龍 ，
逃離原鄉。
D 鬥士
與惡龍
對抗、搏鬥。
E 殉道者
降低惡龍的傷害，
救助因惡龍受傷的人。
F 魔法師
馴服惡龍，
成為惡龍的駕馭者。
惡龍
（問題的化身）

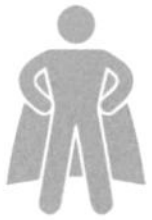

我們都需要經過六種人格原型歷程的歷練及挑戰，這挑戰包括：任務、關卡、必要技能學習。在經歷磨練及轉化過後，朝往下一個人格原型歷程前進。

人格原型提升之螺旋式轉化歷程

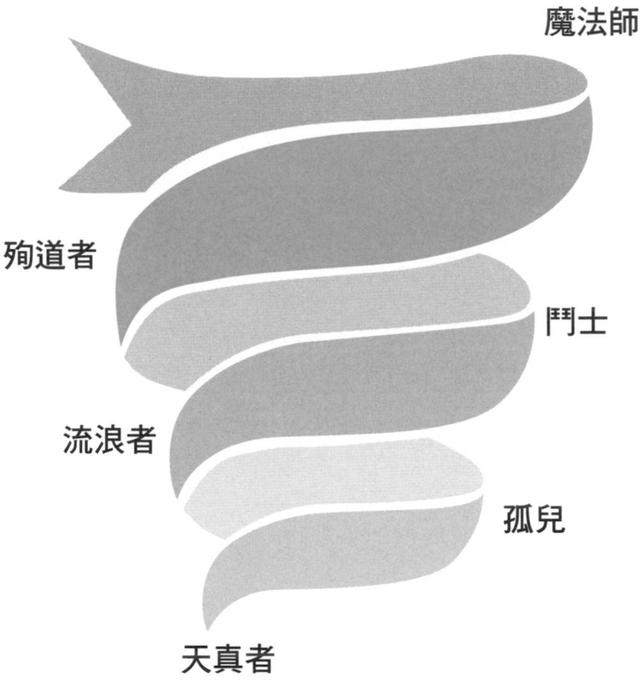

人格原型的轉化歷程，逐步提升過程由下而上為：
天真者→孤兒→流浪者→鬥士→殉道者→魔法師。

因此，第一回合的完成，會帶來第二回合更上一層樓的感覺，也就是生命的成長，是無限進行的，上一回合的結束，往往是這一回合的開端。

而每一回合，我們都需要經過六種人格原型歷程的歷練及挑戰，這挑戰包括：任務、關卡、必要技能學習。在經歷磨練及轉化過後，我們則往下一個人格原型的修練歷程前進；反則沉淪或膠著，原地打轉。

六種人格原型的修練及轉化

這六個人格原型：「天真者」、「孤兒」、「流浪者」、「鬥士」、「殉道者」和「魔法師」，各有各需發展出的能力和智慧，同時會有專屬於此人格原型的一組內在運作系統，還有情感、理智、行為反應模式，在生命轉化的階段任務中出現。

先介紹一下「六種人格原型轉化成長歷程」，是由美國原型心理學家卡蘿・皮爾森博士（Dr. Carol S. Pearson）提出的。她在其著作《內在英雄：喚醒個人內在沉睡的英雄》一書，有詳盡的說明。而後，她又出版了《影響你生命的12原型：認識自己與重建生活的新法則》，由六種人格原型擴展出十二種人格原型。

由於我所主辦的人格成熟轉化相關的工作坊，及進行的個人心理諮商，大多以六種人格原型理論做為教學基礎，陪伴學員及諮商當事人，藉此探索自己的生命階段需要克服的課題及任務。因此我主要累積的經驗，是以此六種人格原型探討華人社會在人格成熟轉化歷程上，所面臨的困難與阻礙，還有突破的助力。

因此，為了讓讀者了解我的理論依據是什麼，我必須先說明的是，這本書是以卡蘿．皮爾森博士的六種人格原型理論做為基礎，加上我的心理諮商實務工作經驗，以及我個人生活體驗等，統整而成的觀點及分析。

為了讓各位了解這六種人格原型會如何呈現於個人身上，我以下述的同一種情境案例，依照各種人格原型的特質及任務差異，分別說出各人格原型會出現的情緒、認知和行為反應特徵。讓大家可以盡快了解到這六種人格原型，其實你一點兒都不陌生，並且能讓你越來越想了解當中的獨特趣味。

請試著想像，當你進入了一間新就職的公司，面對一個新崗位的任務，一定會有摸索期和不安全感反應，例如：焦慮、恐懼、擔憂、緊張等。

因為人類是非常需要安全感的動物，很害怕危險出現或是非預期狀況發生。但是，如果你在不同的人格原型階段，需要學習及面對的不同人生功課，那麼這樣的一個情境，可能會刺激你產生屬於你人格原型的特有反應，以及一組思考、情感和行為的模式。

若你現在處於「天真者」原型：

在工作時，你會完全不加以懷疑，認為這個新就職的公司裡，所有人都會來幫助你、支援你、照顧你。這公司的人都是好人，因為你相信天下的好人多的是。而且你會告訴自己必須相信別人，別人的交代都要認真地聽，他們都是為你好的。你可能會認為公司的大老闆或是主管，應該是一個非常照顧員工、下屬的大家長，會為你所待的公司，給予最貼心的關心照顧，也會體恤你剛剛到公司就職，而給你許多時間及空間學習。為此，你充滿了期待和熱情，總覺得透過這個工作，會讓你進入一個溫暖的大家族，成為這家族備受照顧、呵護的老么。

若你現在處於「孤兒」原型：

在工作時，你會對一切的訊息和他人的交代，充滿不安和懷疑。你就彷彿誤入叢林的小白兔，覺得一切都是未知。不僅未知，你還會有一種感覺，覺得這是充滿危險、欺騙、背叛和出賣的環境，因此你對於接觸到的人、同事或主管，皆有一種不放心，認為他們在背地裡，正在評論你，而且是偏向負面的評論。你會不自主地認定他們正在輕視你，可能由於你沒有家世背景，可能你條件不夠優秀，總之在這個人格原型階段裡，你會有擺脫不了的自卑感，也會覺得自己爹不疼、娘不愛，更是叫天天不應，讓你內心既疲憊又無助。

如果，你覺得自己在新公司裡的處境，很像前兩個人格原型狀態，基本上，你是處於還未正式接觸真實世界的人格原型。前者的天真者原型是天真浪漫，懵懂無知；後者的孤兒原型則是從天堂墜落，驚嚇過度，不知怎麼在這世界生存。

這兩個人格原型，若是在第一回合的轉化期，我們更可以大膽估計你還未真正地進入社會。即使你已經有一兩個工作經驗了，但你對這世界的觀點、認知想法和情感反應，都停留在「拒絕清醒，抗拒現實」（天真者）的狀態。不然就是遭遇了「天崩地裂、從五重天墜落」的際遇，元氣魂飛魄散，四分五裂，還沒有從受傷和驚嚇中復元，而停留在「孤兒」的心靈狀態。

若你現在處於「流浪者」原型：

你的主要反應會是：無法融入這個新的公司或者新的崗位。你會覺得和這個環境的人事物，有種莫名的格格不入感覺。所感受到的孤單或孤獨感，都會比過往的任何時刻來得更明顯而強烈。

甚至不用太久的時間，你就會開始疑惑自己是不是並不屬於這裡。這或許不是能力的問題，而是在心裡的情感層面，你會覺得無法和其他人連結及親近，同時也覺得所從事的事情，自己並沒有太多興趣。慢慢地，你就會開始想離職換工作，或者思考自己如果離職，只有自己一個人應該要做些什麼。或許心中還會暗自渴望著：如果可以遠離人群，遠離責任義務，可以清悠點，那該有多好啊！

若你現在處於「鬥士」原型：

這份新工作將會為你帶來前所未有的振奮感。

這麼說好了，對走在鬥士人格原型任務的人來說，他會有一種感覺：「我必須要做些什麼」。這是呼喚他心中的意志及勇氣的機會，令他躍躍欲試；不論是改革、創新、建立些什麼新的思維、突破過往舊有的框架，都讓身為「鬥士」的人覺得「必須由我來」、「捨我其誰」的充滿熱血和戰鬥力。甚至他可能越挫越勇，但也可能因為挫折和挑戰跨越不了，而變得憤世嫉俗，懷恨抱怨，心中特別會出現看不慣社會、組織中的弊端或陳年老舊制度的包袱。

所以，若你正在面對「鬥士」的人格原型任務及考驗，你會像一個革命者，或像一個推翻舊窠臼的英雄，一直處於抗爭狀態中，或是必須真正學會面對現實；不論是現實的殘酷，還是現實的利益衝突，都是你必須勇於面對、磨練，累積應對的實力。

若你現在處於「殉道者」原型：

在這個新的工作職務或崗位中，你會以自我犧牲的態度，以使命感自我要求，要自己盡心盡力、鞠躬盡瘁。

你不太會意識到自己也是「人」，在體力和時間上都有所限制，你會義無反顧地把公司的事當成自己的事，把同事們的需要和情緒，都視為你自己必須照顧或滿足的。很快地，不論老闆主管或是同事，都會交辦更多更多的事務給你。到後來你會發現你自己的事都延遲沒做，卻一直在完成別人交代的事情，或一直在幫別人處理爛攤子，做擦屁股的事。

在這一個職位上，你會從很被人需要，慢慢地覺得被掏空。甚至後來發現，身體開始發出警訊，你覺得自己的生理機能正在快速崩毀中。

若你現在處於「魔法師」原型：

在這個新的工作職務或崗位中，你會感覺如魚得水。這幾乎是你夢寐以求的工作及環境，雖然偶爾你會有一些恐懼，擔心自己無法勝任，但大部分的時間，你幾乎可以感覺到「心想事成」的奇妙，例如，有什麼樣的機會，或是什麼樣的計畫，都能順著自己的計畫有所成就或達成。你幾乎每一天都抱有新的期待、新的願望，你想要和公司一起帶來新的輝煌成績，想要和你的團隊創造共好，也想要貢獻給這個世界更美好的可能。

我以一個到新公司就職的情境，來說明這六種人格原型可能出現的特徵及認知情感反應。你或許可以從中發現自己目前的狀態和處境，進行舉一反三地自我辨識。之後，我會就每一個人格原型做更多詳細的解說和實例分享，讓大家更了解這些人格原型的任務和階段，對我們在自我成熟轉化歷程上的重要性和意義。

常見的人格原型轉化困境

在我們發展每一個人格原型的能量及技能時，可能因此被引導到自己必須勇敢面對及學習的情境中。

在正式了解這六個人格原型所具有的意義和任務之前，我先從我所接觸到的華人社會普遍現象，來談在華人社會常見的人格原型轉化過程中，所會遇到的阻礙及困難。

要開啟人格原型鍛鍊及朝向成熟轉化歷程的關鍵，是生命會出現一份衝擊性頗大的重創，或發生預料不到的難關，讓你摔落至人生谷底。也就是鍛鍊和轉化的契機，會讓你從原本舒適安逸、備受保護、一成不變的生活中，受到前所未有的破壞或擊潰，而不得不面對殘酷的失落事實，並在療傷止痛中，學習鍛鍊自己活下去的能力和本事，也鍛鍊自己的意志和精神力量。

然而，轉化的契機既然必須來自於破壞或擊潰，等於會出現逆境或傷害，那麼你就可能因此受困於這樣的逆境中，受到逆境的折磨，感到身心靈的劇烈痛苦，深陷其中而難以脫困。

當你陷落於困境中，若沒有得到滋養自我的養分和治癒力，只是終日坐困愁城，一籌莫展，漸漸地，你會受到憂鬱和沮喪侵襲，成為重大失落事件或創傷經驗的受害者，而無法透過自己的力量站起來，找到出路，走出這一個困境。這樣的生命停滯和身心折磨，更可能將你扭曲延展成：不斷寄望拯救者出現的受害者，不然就會認同這世界對個人的破壞力，成為其他人的加害者。

在我們發展及鍛鍊每一個人格原型的能量及技能時，都可能因此被引導到自己必須勇敢面對及學習的情境裡，受到壓迫及困住。在我們裝備不足、訓練不夠、自我保護功夫虛弱、知識及經驗值缺乏等因素下，我們都可能陷落在「受害者」的位置上，動彈不得、舉步維艱。若是加上個體的抗拒，及自動化逃避、否認、合理化等防衛機轉過強，我們確實可能在某一個人格原型的任務及課題中，遲遲完成不了該學到的學分；無法通過這個學分的考核，也就無法晉級，進入到下一個人格原型進行鍛鍊訓練。

受害者心態，是讓你無法晉級的關鍵

最常在華人社會呈現的人格成熟轉化困境，就是沉淪在「受害者」心態中，對自己的受挫、受傷和受苦無能為力，懷著巨大的冤屈和不甘，還有憤怒和痛苦的情緒。

因著這化也化不開的龐大情緒，有些人會受到這樣的情緒覆蓋及淹沒，導致缺乏理性的調節及自我關照功能。只能不斷寄望有「拯救者」出現，用最快速及不費力的方式，帶他遠離現實世界，給予他最無微不至、分毫不差的體貼照顧，並為他的人生背負起最大的責任，讓他不再痛苦、不再流淚、不再心傷、不再混亂失序。

另一種在華人社會常見的轉化困境是，有些人在受到困境擊潰重創後，也會停滯在受害者的心態，但扭曲的內在受傷和挫折情緒，會轉為強烈的恨意和憤

「受害者」心態下的負向循環

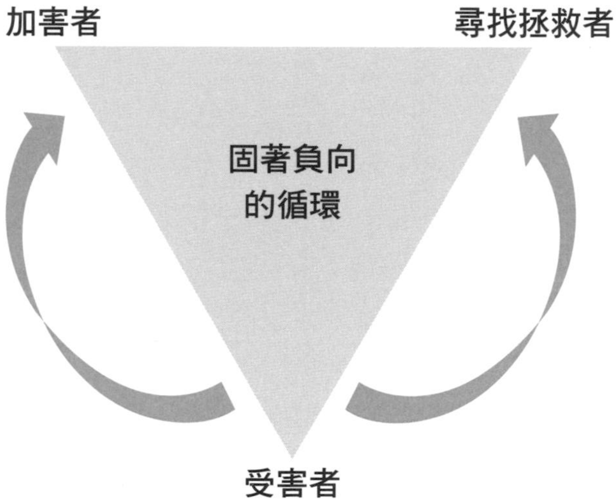

受鍛鍊情境壓迫的「受害者」，在陷於偏執僵化的負向循環下，會不斷期待及幻想「拯救者」出現，或是累積無法化解的負向情緒後，成為別人生命的「加害者」。

怒。在這樣的恨意及怒氣之下，個體已無法覺察及體悟自己所面臨的困境能如何轉化成生命成長及提升的養分，反而陷落在對這世界無盡的報復、破壞和攻擊，而變成「加害者」。

這種「受害者」的心態和情結，會成為個體成長的阻礙，及過不去的關卡。讓個體在無限的負向循環中（請見62頁圖），漸漸地喪失生命能量和意志，進入一種無意識的自我放棄和自我折磨中，無法如實地走過，以提升自己生命的內在力量，真實地感到自我的茁壯。

下頁關於「各人格原型轉化困境」的整理和說明，可說是在華人社會中普遍可以看見、觀察到的情境。畢竟我們有相近的社會文化基底、生命育成過程、社會階層意識、生活經驗及集體潛意識。因此，在原地打轉的困境上，也有很類似的自動化反應和情感思維模板。

讀者可以初步了解人格原型的歷練過程，為什麼有些坎老是過不去，到底是自己做了什麼，沒做什麼；或是怎麼想的，怎麼反應的，才會在跨越那些坎時，不斷讓自己陷落。

你的人格原型最常遇見哪種困境？

「天真者」原型的轉化困境：

「不要告訴我這世界的真相，我只想活在自己的想像裡。」

華人的社會裡，陷落在天真者原型的人並不少，主要是我們的家庭和學校，還有社會，傾向給孩子單一而單薄的世界觀和社會觀。

我們害怕孩子接觸複雜，希望孩子維持越單純的面貌越好，這同時也替家長和老師減少不可控制的焦慮。所以，在華人社會以控制做為保護的情況下，大人不會讓孩子實際去認知他所存在的世界，以免他被污染或受影響。所以，大人總是告訴孩子：「你的本分就是好好讀書」，或是「不要接觸太多外在世界，盡量留在家裡，和父母在一起」。受到保護及控制，正是天真者活在不切實際的天真世界的原因。就像是被種植在溫室裡的花朵，連一點靠自己調節溫度和濕度的本能都不需要。

因此，有些人可能已經長大到過了成年二十歲的年紀，甚至已過了三十歲自立的年紀，仍會以自己單純而偏頗的認知概念去設定這個世界，以及他和別人的關係，而非真實地認識及經驗這個世界。

「孤兒」原型的轉化困境：

「我常感到孤立無援的恐懼及不安，誰來救救我，不要讓我一個人。」

許多人對這個世界有著自己主觀的、缺乏經歷的、一廂情願的設定。因此，在面對比家庭以外更大的世界時，會開始感受到衝擊、挫折和無助感，這些強烈的自我脆弱感，使得自己被困在「受害」、「被拋棄」、「被拒絕」的驚嚇和受傷中。

除了被困在大量自憐和乞求被憐惜的情緒裡，許多人也會在這個「孤兒」的人格原型任務中，耽溺於尋求一個可救助自己、照顧自己的拯救者，帶著自己遠走高飛，終結這龐大無助和受苦的失落情緒，重新回到渴望以久的愛的懷抱中。

這猶如自己跌倒了，卻放棄站起來。而是在跌倒的地方頻頻哭泣，左顧右盼，希望能盼到一個同情他、為他走過來、為他彎腰，不論是牽起他的手，還是抱著他起身的人。

當你越是渴望有這樣一個人出現（無論是拯救你的王子或聖母，還是為你奔馳而來的騎士），越是盼望這樣一個為你挺身而出的胸膛，那麼耽溺困住的僵局，只會越拖越長。

「流浪者」原型的轉化困境：

「我原本害怕孤獨，卻在習慣了獨處和疏離後，回不去人群。」

華人社會強調合群，或是必須要融入群體，為了求得群體的認同，人們通常非常害怕被群體排除或被團體排擠。

我們對一個孩子的主流價值設定，就是要樂觀、大方、被大家喜歡、樂於和人交往。因此，在無意識中，華人家庭會從孩子很小開始，就灌輸許多在群體比較好生存的方式，拚命告誡小孩，也努力地叮嚀孩子要贏得別人的人緣，否則就是失敗、怪胎。

這樣的塑造和教養過程看似正面、積極，但在人生的歷程中，若沒有經歷過孤獨的體會和獨處的挑戰，那麼一個人幾乎沒有機會離開旁人的眼光和價值觀，也就難有機會看見自己。

普遍來說，困在流浪者人格原型任務的人，有兩種情況：一種是非常害怕進入流浪者的任務和關卡，害怕離開熟悉的群體生活後，自己會無所事事、沒有目標和失去方向。因此即使現況讓他對於自己是誰充滿疑惑，對於長久以來聽命於人，沒有自己的看法和感受也很痛苦，但他還是迴避承認，怎麼也不想踏入鍛鍊孤獨、獨自承接自己生命重量的那條路。

第二種困局的情況是，走進流浪者鍛鍊歷程的人，在經歷非常長時間一個人的生活和漂流後，卻不知道如何再回到人群裡，和其他生命連結，以及找到再回到社會軌道的方式。這也是一種淪陷，使你無法從流浪者的鍛鍊中讓自己準備好再回到這個世界。

「鬥士」原型的轉化困境：

「我害怕衝突，太習慣討好順應，我沒有勇氣去對抗和戰鬥。」

華人社會傳統中的父權主義和階層制度，讓我們從小開始，就必須學會順應權威和沒有自己的聲音，這包括：個人的意願、意見、觀點和感受。即使生活已經受到極大的侵犯和剝奪，甚至剝削，為了所謂的「以大局為重」及「以和為貴」，許多人處於長期被迫壓抑和無聲忍受的情境，無法激起對應這個不公和剝奪自我的世界的勇氣。

這個現實世界是包含殘酷的、勢利的，同時也有就事論事、在商言商的現實利益運作，不那麼地講究人情義理，也不是以家庭的互助互持的理念在運作。

因此，困在鬥士人格原型任務的人，通常有不適應這個社會的現實面、勢利面的現象。同時，對於護衛自己的權利和利益，也無法給予自己合情合理的認同和支持。這些人時常會害怕衝突，而放棄爭取自己應當獲得的利潤和權利，不斷地任人踩踏尊嚴，予取予求。並且有過於樂觀或太缺乏現實感，而在實現夢想的過程中摔落，遭受現實的教訓，而鬱鬱寡歡，無法重振自我。

「殉道者」原型的轉化困境：

「我常感到自己被掏空，儘管漠視自我的需求、無限付出，卻填補不了空虛的價值感。」

華人社會的殉道者人格原型的歷練，往往不是來自自己有十足的力量和把握而身經鍛鍊。其中許多人，特別女性，是在非常小的年紀，就被推到「殉道者」的位置，彷彿要為家族的興盛獻祭，奉獻到捨棄自己的一生才夠。因此，許多人並無意識地淪陷在「殉道者」的人格原型塑造中，卻不是越鍛鍊越知道如何創造「助人自助」的道理，反而是過度付出到耗竭，最後不是生病就是崩潰。

這是殉道者最典型的沉淪，陷落在一堆的道德宗教的苛求，或是家訓規範的制約，要自己不斷地受沒有自我價值感的驅使，像無盡輪迴地一直以犧牲自己、漠視自我的付出，來換取內心所渴望的，極度卑微的自我價值感和無私感。

這看似大愛的行為，並非真實的無私，而是因為恐懼被指責、被唾棄，也害怕面對內在強烈自責的罪惡感，而不得不逼自己符合的形象，或角色設定。

「魔法師」原型的轉化困境：

「受黑暗面所控制，以愛之名，行情感操控之實。」

華人社會因為崇尚權威，即使有能力的人也都想要獲得受萬人愛戴的成就感和地位。因此有能力者，當走到魔法師人格原型階段時，很容易陷落在名聲的虛榮、地位和權力慾望的驅動。以自身的卓越能力，操弄及運作階層制度，為自己塑造超凡的地位，甚至誇大地自我吹噓，讓信賴他或依賴他的人，為他無盡的需求供應和付出。

這是所謂魔法師的黑暗面展現，也是人性裡的黑暗勢力。因為無法掌控及節制自己的權力和名利慾望，而圖謀他人的生命福祉、利益，及侵犯他人的主體性。以「改造生命」之名、「消除災厄」或「實現理想世界」之名，行使操縱和控制心靈之實。

另一種魔法師人格原型的人會遇到的困局情況是，因為自己對這世界抱持敵意和怨恨，而無法連結到更大的、超越個人之外的世界或宇宙，以此領悟到生命的存在，都有無形的道和更大的智慧在牽引。

身而為人，我們需要臣服在更大智慧的安排下，領會生命的課題和鍛鍊，才不會陷落在「死亡是毀滅」、「除了自己以外，別無依靠」的僵局裡。

面對以上各種人生困局，哪一種讓你感到最熟悉？

無論現在的你，正處於哪一種遭遇，只要更加意識到這是自己原型所帶來的現階段僵局，一旦看見問題的核心，就有機會突破關卡。

從第二章開始，我們將開始深入了解六種人格原型的本質。

Chapter 2

認識人格原型，展開你的內在英雄之旅

「我要如何靠自己的力量走下去？」
這個問題會為你開啟生命成長之路的大門，
像把鑰匙一樣，
讓你開始走進生命
為你預備的蛻變之旅。

一生必經的六種人格原型歷程

任何歷程及挑戰能讓你歷練自己的不足、脆弱，並讓你勇敢發揮天賦及才能。

六種人格原型，象徵的是每個人一生的人格成熟過程必須歷經的轉化課題。從一個剛剛誕生在這世界上的「天真者」開始，我們歷經幻滅的打擊與挫折，在一連串因為殘酷的現實而深感痛苦的生存焦慮下，不得不面對自己這個個體若要活下去，必須要擁有的技能和能力，並包括心理和靈性層面的能量和素質。

面對自己人格原型轉化的歷程，路途顛簸難行，起起伏伏，但每一個人格原型的任務和課題，都沒有簡易的通道。雖然人們總是有這種幻想：是否有簡易通關的秘笈或秘法，輕輕地點一點仙女棒，就能水到渠成，夢想成真？但其實沒有，沒有踏實走過、淬鍊過的成果，終將是一場海市蜃樓，隨時有可能崩塌陷落，退化膠著在負向循環的暗黑地獄，不可解脫。

當人處於挫折及逆境時，必然會產生不想面對的掙扎及拉扯，也無法避免被黑暗負向情緒力量驅使及支配。若我們未能從這些難關或是逆境中突破及超越，那麼人格轉化的歷程中，不僅會遇見膠著的泥沼，更無法完成生命的個體化，以致成為真實完整的自己。任何歷程及挑戰，無非要你歷練自己的不足、脆弱之處，也要勇敢發揮自己的天賦及才能。

我們都不是天生就是一個完整的人。從嬰孩開始，我們對世界完全無知，所以我們恐懼的同時，也充滿了好奇。在嬰幼童時候，我們一心一意最需要也最關注的事莫過於：「我要獲得愛，及得到我想要的任何慾望的滿足！」因此，這個時候的孩子，他的世界十分狹隘及封閉，他所存在的環境就是他的全世界。他的世界觀是以自我為中心，當然這時的「自我」是幼稚且脆弱的、偏執且封閉的。

當他以這樣的世界觀來對應所存在的環境時，他會以「天真」（完全的無知及偏頗）來認定他的世界「應該」是什麼樣子——大家應該要愛他、應該要無時無刻地滿足他、應該要順著他的意思，而沒有他任何必須勉強及妥協的。最重要的是，關懷和呵護必須無微不至，無所不在。

可想而知，本活在粉紅色美麗泡泡世界的孩子，出生後沒多久，即開始會因家庭、父母和居住地區及環境不同，而開始出現或多或少的失望、打擊、失落、缺失及創傷。那是「天真者」墜落的開始，也是幻滅的開始。

有的「天真者」墜落的速度猛烈而殘酷。像是被父母及照顧者遺棄、被暴力虐待、被忽視或受到不良照顧的人，他會立刻展開「孤兒」的能量，感受到強烈的掙扎及抗爭。他要他需要的，他不要經歷痛苦和匱乏，他渴望有人出現給予他滿足和呵護，就像活在伊甸園般無憂無慮，怎能如此苛待他、忽視他！

這種誕生沒多久就墜落於苦難中的「孤兒」，最害怕的就是經歷痛苦歷程的諸多感受。那是一種致命的威脅，彷彿自己的存在，是被伊甸園驅逐出境，好像他不配，沒有任何資格可以獲得幸福和美好。這種痛苦，實在很傷及尊嚴，也讓陷落在孤兒情境的個體，累積著大量的怨恨和傷痛。

在生命的早年就遇到猛然墜落的幻滅「孤兒」，是一種創傷的存在體。他沒有太長時間可以沉浸在天真者的美好想像中，也沒有多少條件可以像天真者活得無憂無慮，絲毫對世界的殘酷和現實，一無所知，猶如白紙。

每個人會從「天真者」階段經歷到猶如「孤兒」人格原型能量的時機不同，各有安排，然而，所有的第一道轉化階段，都是要從墜落開始。沒有墜落，沒有驚醒，沒有意識到真相的存在，就沒有任何機會靠自己的力量站起來，從死裡踏上此生的英雄蛻變重生之旅。

你在提升，或是沉淪？

雖說成長必須從幻滅開始，但人的天性是傾向好逸的、享樂的、渴望無憂的，並迴避痛苦的。若是在這樣的墜落後，個體因為負傷難行，因此軟爛地癱瘓，就會在各種不同的自我探問中反芻：為什麼自己的命運要如此？為什麼自己得不到想要的幸福和呵護？為什麼那些應該要愛他的人，卻讓他遭受背叛和遺棄，面臨永生無從翻身的苦難及羞辱？

如果打算以無意識的終日唉聲嘆氣、呼求別人的憐惜和同情，迴避必須由自己主動想方法站起來，離開受挫僵局的責任。那麼這個人會不斷地想迴避痛苦，反而離終結痛苦越來越遠，並在反覆「期待」與「失望」中擺盪撞擊，痛不欲生、苦不堪言，受到各種身心疾病纏身。

當一個人抗拒接受殘酷的存在，也防衛這些事實的打擊，不想承認某些情況已真實發生，他就會沉淪在孤兒的人格原型中，不斷地懷抱回到過去「天真者」的幻想世界。怎麼也不願意清醒、覺察自己所幻想的世界，僅僅只存在於幻想中，而不是一個客觀存在的世界。

一旦因為失落、挫折、逆境、痛苦、暴力虐待等遭遇而墜落的孤兒們，無法放下他所懷抱對完美理想世界的期望，為了迴避痛苦經驗，他會開始不停地尋尋覓覓替代的完美照顧者，務必要這個他所認定的完美照顧者，為他實現想要的完美世界，帶他回到過去的伊甸園——一個心中想望的，既溫暖又美好，沒有傷心，也沒有任何缺乏的世界……而這就是沉淪及無盡輪迴的開始。

我們踏上內在英雄之旅的起點，必然從感受到被遺棄的「孤兒」心靈開始。

即使墜落了，跌個粉身碎骨、筋骨全斷，若經過了一段時間的蟄伏沉潛，具足能量力氣後，能站起來邁開人生的步伐，離開「被保護」及「被照顧」的渴望及想像，真正地背起自己的行囊，就能開啟尋找自己、認識自己、突破自己、實現自己的大門。

我要如何靠自己的力量走下去？

為什麼人的成長，一定要從痛苦及驚嚇的挫折後，才能開始呢？

為什麼人類的生活，不能從誕生後就永保安康、無憂無慮，活在我們所期望的幸福美滿，無病、無痛、無死亡、無挫折的理想世界呢？

若真是如此，那人根本無從覺醒。如果無法從自己早年被塑造及制約的封閉及狹隘世界清醒過來，探究自我存在的本質，又何來自我的成長及實現可言？

如尼采所言：「那些殺不死我的，將使我更強壯。」期待的落空或是任何失去及剝奪，都會引發創傷的可能，而這一份強烈的痛苦會使我們嚐到椎心刺骨的痛楚，經歷體無完膚的傷害。然而，當你從創傷的痛苦倖存下來，還必須面對接續的人生道路時，這一份艱鉅的存在任務，將可能使你墜入永不復生之境，也可能讓你脫胎換骨，引領你光榮地、真實地、完整地成為自己。

確實，穿越及超越這段歷程的任務或關卡，萬分艱鉅。之所以不容易的原因很多，你的內在能量、既定的性格養成、自尊狀態、自我概念形成、內在資源及心理韌性……都會影響你在面對自我破碎後重建的歷程，究竟要往哪一個方向走。是黑暗，還是光明；或在不是黑暗也不是光明的虛無之地，苟且存在。

對人類來說，我們集體處於一個最難克服的困境是，我們會在重創和痛苦的脆弱、焦慮中，進入到受害者的處境，渴求有那麼一個強大的某人，以神般形象出現，挽救及救贖我們內心傷痕累累、憂傷、軟弱及破碎的心靈。

這幾乎是誰都避免不了的處境，只是早覺察到，還是晚覺察到自己猶如受害者在渴求萬能的拯救者出現。在人性的軟弱及無助下，我們總在越慌亂時，越會亂抓身旁出現的浮木，或是希冀尋得人生方向，能指引自己不再迷航的燈塔。

但是，只要不願從受害者的情境中清醒過來，學習承擔自己的人生處境，正視自己生命遭逢的情境，放棄透過自己的摸索及歷練，面對生命的任務及挑戰，那麼，人就會耽溺在尋找救贖者的輪迴中。只要對一個人失望，就趕緊再找下一個人，無盡地找下去；也會像心盲者，始終轉不了身看見自己，思索著自己究竟有著什麼樣的能力和本事，好好地勇敢迎接迎面而來的生命挑戰及任務。

若是，有那麼一個人生時刻，你經驗到持續被拒絕，或是因為人際關係耗盡，所有人都不在你身邊了。你終於能夠意識到自己在做的，只是不斷地外求他人的救贖及安慰，渴望他人的依靠及承擔。這一刻你看見了這樣的自己，終於願意承認自己一直以來的逃避和依賴，願意停下來轉身回望自己，問自己：「**我要如何靠自己的力量走下去？**」那麼，這一個問題會為你開啟生命成長之路的大門，像把鑰匙一樣，讓你開始走進生命為你預備的蛻變之旅。這就是你開始歷練，並準備一連串如實轉化，所需要的一個重大領悟和承擔。

在第二章，我會告訴你關於六種人格原型各自的主要特徵、主導情緒、光明面和黑暗面的呈現，以及遭遇卡關的課題。為了讓你辨識出每一組人格原型的思維、情緒和行為狀態的獨特之處，我會以案例故事讓你理解和共鳴，進一步吸收自我訓練及突破的引導建議。

內在人格原型01

天真者（Innocent）

「再美的夢也有破碎的一天。」——莎士比亞

主要特徵 執著於理想天真的童話世界，喜歡幻想、喜歡偶像劇的浪漫，逃避現實。

主導情緒 天真、單純、充滿希望及樂觀，拒絕接受現實。

正面表現 內心信念強大、光明，對人界限開放，抱持純真的心靈。

黑暗面貌 害怕被人批評和面對殘酷，否認社會及人性黑暗面的存在。

卡關課題 執意相信別人而因此受騙，過度將世界理想化而受傷。

原型表現：做人單純，不願想太多

處於天真者人格原型的人，經常因為過於單純和愛幻想，而被他人保護或指責。然而，他們積極、快樂的樣子，總是能鼓舞到身邊的人，讓人不禁感受到一種希望和歡欣。

天真者一直都在努力看向世界真善美的一面，不論現狀有多麼糟糕，他們總能相信烏雲背後鑲著的那條金邊。

我們誕生的一開始，都帶著「天真者」的姿態，以為會有完美的童年，永遠長不大。

天真者的世界，猶如一個充滿甜蜜和愛氛圍的伊甸園，擁有無窮無盡的關懷和滿足。然而，這充滿神話、理想、美麗的世界，並非現實的人類世界。如果要尋找真實自我，認識自己是誰，人還是渴望走出樂園，踏上淬鍊真實自我的蛻變之旅（例如：愛麗絲夢遊仙境、綠野仙蹤，或神隱少女的隱喻）。

天真者在生活中，常會被周遭的人反應：「你好單純喔！」這看似是稱讚或恭維的話語背後，正顯示天真者抗拒某些現實層面的存在。

特別是在人我關係的層面，天真者會依自己的單純信念，單方面地認定關係的美好，例如：「我的家庭很幸福」、「我的婚姻很美滿」、「我的男／女朋友很愛我」，或是「交朋友就要很真心」。

他們會忽略或是不在乎從對方的角度，是否也同樣如此認為。當他們這麼相信，就認為必然是事實。

這是天真者信念的力量，他們不需要經歷過什麼考驗，或是需要什麼證明，他們認定的，就是他們認為的真實。

正因為天真者散發出來的單純，或是對這世界的殘酷現實一無所知的無辜面貌，周圍的人會以兩極的方式對待他們：一是以保護之名控制他們，以免他們遭遇什麼無法應付的打擊及挫折；另一種就是把他們視為好欺騙及操縱的對象，有計謀地從他們身上任意索求。

最大心魔：難以接受現實世界的複雜

天真者本質上是「兒童」狀態。對一個已經成年的天真者而言，可能是一個抗拒進入到現實社會的「大小孩」。

當天真者進入到現實社會時，可能會因為驚嚇及無力招架，而更退化。因此，天真者會以孩童的眼光及心靈，天真地認定他不屬於現實殘酷的社會，應該待在家庭或是某個保護者的照顧下，避免遭受打擊和挫折。

在天真者非常抗拒接受這世界的複雜，以及恐懼遭受這混濁社會所污染的情況下，他們無法自我調適去接受現實的樣貌，因而會一直依賴那始終給予他照顧和呵護的人。

男人會認定女性的角色必須負責照顧他們、支持他們和取悅他們；而女人，則認為男性角色是保護她們，並提供她們所有的必需品，不論是生活的，還是情感的。其實，無論是男性或女性的天真者，都是把身邊的人看為「非人」，只是一種能夠因應他們所有需求的工具或道具，滿足他們單方面的期待和想像。

因此，我們可以這麼說，天真者最大的心魔就是：難以接受現實世界的一部分，包含著複雜和殘酷，也包括失落和失望，是和喜悅一樣必然的存在。

當天真者無法克服內心的抗拒及恐懼時，他們寧可躲起來，躲在自己認為的保護殼裡，或躲在自己認為安全的象牙塔中。情況嚴重者，可能成為和這社會斷聯的人，也將面臨在社會上生存的困難。

卡關困境：遭逢意外的考驗

德琳是原生家庭中唯一的女孩，上有兩個哥哥，下有一個弟弟，因此爸爸將她視為掌上明珠一樣疼愛。

因為有爸爸的疼愛，媽媽對她的冷言冷語及動不動就數落她的情況，德琳盡量不當一回事。只要爸爸回家，她就盡量黏著爸爸，和爸爸談天說笑，迴避和媽媽之間的話不投機。

但在高中畢業前夕，爸爸突然驟逝，不敢置信的德琳在傷心過度情況下，大學指考沒有考好，索性就放棄繼續升學。

後來，正值十八歲的德琳到了一家公司做秘書助理，認識已經四十歲卻未婚的老闆。交往兩年後，德琳在剛滿二十歲時，就毫不猶豫地嫁給了老闆。

從她結婚後，她幾乎不再和原生家庭有什麼互動，最多是逢年過節時，在先生的勸說下，回娘家送個禮。

德琳很不喜歡這些複雜的事，她覺得回娘家要看媽媽臉色，還要取悅媽媽，真是很煩人。她總是心不甘情不願對丈夫說：「我不想回去，回去我會心煩，我會不開心。」丈夫安撫了德琳幾年之後，乾脆就自己派人送禮回去德琳的娘家，也不再勉強她。

自從德琳結婚後，先生經營的龐大房地產事業也越來越蒸蒸日上，不需要她再外出工作賺錢。德琳也覺得自己沒什麼專長，若為了殺時間硬是去找一份工作，被人家指揮、被人家罵，弄得自己不開心，何必呢？

所以，好幾年的時間，德琳就在家睡到自然醒，下午去按摩、做臉、練瑜伽、逛街、喝下午茶，快到丈夫下班了，再去接丈夫一起到想嘗鮮的餐廳吃晚餐，生活可說是悠閒又自在。

因此，德琳心中特別依賴丈夫，生活大部分時間，都在等丈夫有空時陪她。她最有興趣的事，就是蒐集旅遊資訊，一年平均要安排五、六趟出國旅行。她的心願就是能夠環遊世界，丈夫也都盡量配合安排。

其實只要德琳撒嬌一下，丈夫都盡量讓她心想事成。丈夫常跟德琳說：「只要你開心就好，沒有什麼事需要你煩惱的。」

對德琳來說，小時候有爸爸，長大後有丈夫，她的世界因為這兩個重要的男人，得到很大的保護和疼愛。她不喜歡想不愉快的事，她的信念就是「開心和快樂最重要」，也常跟自己說：「做人要單純，別想太多」。

在婚後十年的時間，她和丈夫過得很幸福和平順，她讓自己做個幸福小女人，並且對自己擁有的幸福婚姻引以為傲，覺得自己真的嫁對人了。

但在自己滿三十二歲那年，丈夫在某天早上就再也未曾醒過來了，經過醫師宣告死因是出於心肌梗塞。突然之間，德琳再度像十八歲那年失去爸爸時無助和心碎。她生命中最重要的兩個男人，為什麼都這樣不告而別？為什麼她的幸福不能長長久？

在她充滿驚嚇、恐慌和悲傷的遭遇下，緊接而來的，卻是銀行告知公司的債務龐大；不僅公司面臨倒閉，住家也已抵押。如果沒有繼續繳納貸款的能力，就必須面臨房屋被拍賣，流離失所的命運。

德琳環視這即將可能失去的房子，以及日後如何養活自己，她完全不知該怎麼辦了……

執迷在「天真者」人格原型的個體，其實生命中有許多機會可以學習和鍛鍊自己，但他們寧可選擇最容易過的生活。他們想要一直活在兒童樂園的感覺，有特別的尊寵，有最好的享受，所有費力和困難的事務，都會被他們斷然拒絕，不然就是迂迴地躲避掉。為了鞏固自己幻想出來的安全樂園不要遭受到破壞，他們更會想像外面世界的可怕，以及合理化自己不用去面對的各種理由。

自我覺察引導：不完美和失去都是生命的一部分

耽溺在「天真者」人格原型的人，害怕自己想像的溫暖、美好、真情世界有天會崩壞，因此，他們會一直去迴避外在現實世界的真實運作。

他們內心太渴望保護和安全，只要可能涉及危險、可怕、不可控的範圍，他們就會立刻閉眼不看、摀住耳朵不聽。這可能來自他們弱小的心靈，也可能來自他們身體機能的虛弱，以致他們很容易因為緊張或焦慮而覺得非常不舒服。常常不是頭暈目眩，就是呼吸困難。

但是人的一生，我們都要從誕生開始的天真者人格狀態，真正看見所須面對的生存問題，並為這些成長所必經的問題，鍛鍊出自己的實力去克服和超越。

若天真者太習慣逃避，以及被自己的恐懼挾持，就會更依賴身邊的照顧者或保護者，要對方完全為他承擔及負責生命所需要的各種供應。因此，天真者想突破自己抗拒面對現實社會的恐懼，需要先接受這世界的不完美和失落，並了解不完美和失落都是這完整世界的一部分。

從某個層面來說，天真者都是高理想的完美主義者。他們討厭瑕疵、討厭不美好，就像是小孩子喜歡充滿歡樂開心的樂園，討厭身邊有人會生氣，或看起來很可怕，他們也討厭看恐怖片。

他喜歡故事的情節中沒有壞人，所有的好人都有好報，所有的王子與公主都會有幸福快樂的大結局。從這一段描述，你會看到「天真者」無法處理任何的模糊地帶，他們很難接納和整合好的壞的都存在於這個世界的概念，或是同樣存在於一個人身上。要嘛是全好，不然就全壞，這是天真者判別這複雜世界最單純，也是最退化的方法。

如果你的人格原型能量停留在「天真者」，你需要檢視及覺察自己的內心是否有一個認為「世界本該完美」的執著。

這是來自你內心對世界感到未知及難以控制的恐懼感，所形成的「防禦」。因此用強烈的信念堅持自己對這世界的期待和想像，以杜絕去經驗及感受，活在這世界上會有真實的各種情緒及感受的體驗。而情緒和感受，都不會只有好的，而沒有壞的。並非是說情緒和感受只分為好的、壞的，而是活在這世上的真實情緒、感受是複雜的、多重的、交織的。在各種人生的體驗中，身而為人，我們自然會因為七情六慾而嚐遍各樣滋味。

若是你恐懼經驗自己所不喜歡的壞感覺，也自認為很難因應、學習增強自己面對及處理的能力。那麼你會受內心恐懼及負面感受的驅使和支配，不斷地延遲自己的成長，也否認自己已身為成人的學習力。

在超越自我及完成真實自我的過程中，首要之道是解除自己固著在不成熟的發展階段，也就是停滯在幼稚階段。

若是放任自己的幼稚宰制自己的人生藍圖，迴避應該踏上的成人時期，我們就會經歷許多生命能量的消耗，同時錯過成長為一個有活力和飽滿能量的自我的時機。

完成任務，通往下一關：孤兒原型

要能離開最原始、未經淬鍊的「天真者」人格原型，你需要停止戲劇性、浮誇地對外要求，以及期待這世界的供應和保護。

這世界上所有的供應和保護都有暫停或消失的一天。以「嬰兒式」浮誇及自戀（自我中心）的方式，想支配這世界提供自己無盡的滿足和呵護，不僅脫離現實感，還會開始執迷於幻想中，不可自拔。

天真者，請先下凡來，成為一個真實的人。

落入凡塵的隱喻，是指在生活中要開始經歷各種的幻滅：對父母的失望、對世界渴求的失望、對於照顧者不可信任的失望，甚至對這世界有背叛、出賣、陷害、不忠、不誠實……人性的黑暗面存在，要能正視看待。不再像孩子一樣閉緊眼睛，把頭縮在父母的胸懷裡，就可以看不見。

當你有了真實成為「人」的冒險準備，你會開始走向下一段歷程。於是，「天真者」便成了「孤兒」，真正經歷墜落的歷程。

內在人格原型02

孤兒（Orphan）

「當我們願意承受打擊時，才有希望成為自己的主人。」——卡倫・霍妮

主要特徵　奮力求生存，在想要掙脫受傷和得到安全中掙扎拉扯。

主導情緒　恐懼、無助、憤怒，和受困的痛苦。

正面表現　面對自己的責任，為自己學會各種存活的能力。

黑暗面貌　陷落在受害者的情緒，或因此上癮，被環境所迫成為害人的共謀。

卡關課題　拒絕接受現實的存在，抗拒失落的事實。

原型表現：感到自己被世界所拋棄、孤立

孤兒的原型，是一個失望的理想主義者。他所認知中的世界是危險的、充滿惡棍和加害者，自己是手無寸鐵的無辜少女少男，正面對可怕的環境。

遭遇失落的人，往往就是「孤兒」人格原型的代表。當你從「天真者」幻想的理想世界墜落時，你會感受到一種前所未有的受傷及重創，來自你覺得被全世界拋棄、背叛了。

這和現實中你究竟有沒有父母、伴侶、朋友在身旁無關，而是一種心境上、情境上呈現出來的孤兒心靈。心中滿滿的失落和脆弱無助，讓你彷彿跌落在幽暗的森林，沒有安全的歸屬，也沒有任何一處屬於你的地方。

人生裡，我們會遭遇到很多失落的情況。往往最重的失落，莫過於喪親或失去重要的情感對象，諸如失戀分手、離婚、拆夥、被裁員資遣、被降職、被欺騙或遭遇背叛……都會為生命帶來巨大的重創和摧毀，就像從仙境天堂掉到地獄般地粉身碎骨。

因此，失落者往往帶有一種莫名「被驅逐」和「被剝奪」的感覺，像是被自己原本歸屬也認同的地方（或關係）掃地出門。不管怎麼大力拍打著大門，門始終都不再開，你再也回不去原本最熟悉的地方、最安全的位置。

遇到生命中重大失落的時刻，無疑是人生裡痛苦萬分的經歷。過去，你曾經相信的、認定的、毫無懷疑的，從失去那一刻起，世界全變了樣。你不再有過去的意氣風發，不再像過去的自豪自傲，更可能像是過街老鼠，人人不喜歡、不歡迎，彷彿要用盡各種方式，斷滅你的生路，不允許你存在。

最大心魔：譴責自己，怪罪外界

處於「孤兒」人格原型階段的人，會非常渴望回去天真者的伊甸園裡，尋求完美的理想父母或照顧者。他認為人應該活在最安全、完全被照顧的環境，因此不斷地尋找那最理想的照顧者，甚至願意放棄自主性、獨立性、創造性，來換取渴求及依賴的安全感。

受孤兒原型宰制的心靈，會產生明顯的憤怒感，一方面譴責自己無能，另一方面怪罪所有的外界（父母、組織、上帝、宇宙）的逼迫和無情傷害，讓自己好無助、好失望。

處於孤兒原型的人，因為過於弱化自己，以及放大了自己所受到的背叛和傷害，會產生強烈的自我防衛：試圖抓住天真不放（拒絕長大和承擔）。

若是否認自己的痛苦，拒絕承認自己的狀態，會更因此發生自我中心的自戀行為，漠視他人的痛苦，更加退化地死命需要周圍環境及別人的滿足和回應，而成為其他人生命的傷害者。處於自戀的「孤兒」完全受到自己的慾望挾持，總是有擺不平、滿足不了的念頭：我要這！我要那！那應該是屬於我的！

因為受到自己無窮盡的慾望挾持（並非是真正的內在需求），而以一種上癮、成癮的形式來掩飾自己本質的空虛及價值感的空洞，是時常可見的現象。

若再加上無法抒解及駕馭心中的黑暗力量（埋怨、不平、憤恨、癡心），而被黑暗勢力宰制了，失去了自己內心本質的勇氣、智慧和良善，那麼孤兒會被痛苦和埋怨支配，成為抗拒痛苦，活在麻痺或報復的深淵中，無法獲得心靈平靜和療癒的孤魂野鬼，也就更難往成長轉化的下一個歷程邁進。

卡關困境：從呼風喚雨的舞臺上跌落

朱敏在公司任職已十五年了。她從基層的崗位做起，一路受到許多任主管的賞識和提拔，職場發展可算是非常順利，儘管曾出現一些人際問題或風波。朱敏只要感覺到被主管信任及賦予重任，無論什麼任務，她都是使命必達，勇往直前，所以，年年考績不是第一，也是第二。

任職十五年的朱敏，在公司中也算是資深員工了，許多經驗和所掌握的人脈更是讓她感覺到自己可以呼風喚雨，無所不能。她用了很多心思和時間在思考公司的各種計畫，只要有新的企劃出現，朱敏總會樂於發表各種看法，有時也會對其他部門的人，給予她所認為的良心意見。

就在新年度將來的前夕，公司發布了新的人事命令，關於最高階主管階層所共同決議的人事調動，布達的說法是一切為了讓公司更有效的運作，達到人力上最精準的運用。但是在這一份人事命令上，朱敏的原主管被派往更高層的管理位置，負責更大的業務區域，而朱敏則被派往一個公司內部都私底下稱為「冷宮」的那個部門。

朱敏不敢相信這一份人事命令，她深感不解，同時有很大的委屈和羞辱感。她甚至可以想像到同事們在背後竊竊私語、議論紛紛的畫面，覺得自己一定成為他們口中嘲笑的對象。即使不是嘲笑，也會說她一定是能力不好或是做人失敗，才會被打入冷宮了。

朱敏按捺不住自己覺得被背叛及被傷害的滿腹情緒，她私下傳了一封很長的訊息給主管，訴說她的疑惑和委屈，也質疑主管為什麼沒有保她，為什麼沒有帶她一起走。難道過去共患難的情誼、為他打拚的努力，都一概被他否定、被他忘記了嗎？

沒想到，這一封訊息，主管一整個星期都沒有回應。這讓朱敏更是焦慮痛苦，滿腦子充滿著：到底主管為什麼要這樣對她？為什麼主管可以這麼無情和只顧自己利益？還是，主管老早對她不滿，有意見了，卻不讓她知道？

朱敏感覺到自己這十五年的賣力和為公司打拚像是一場笑話，不但沒有更多的升遷和嘉許，反而像是被推下懸崖，粉身碎骨。

當朱敏的伴侶和家人知道了她的處境，都要她想開點，至少沒有被資遣或裁員，還有一份工作在，就趁機休息，不要再那麼拚命了，當作放心靈的長假。畢竟這麼長久以來，朱敏的身體也是狀況連連。

但朱敏不甘心，要放長假也應該由她來決定。這種情況下的放長假，根本像是蘇武被皇帝貶到邊關塞外去，這是羞辱、貶抑和懲罰。

她覺得自己整個人快要瘋了，她自認自己打從進公司開始，就一心向著公司，算是一個任勞任怨的員工，也是一位非常忠誠的下屬。她從來不製造麻煩，只為公司解決麻煩，為什麼現在自己會像是一個麻煩，被公司解決掉呢？

就在人事命令後一週，也是主管要離開至新單位時，朱敏終於接到主管回覆的短訊，訊息上寫著：「我保護不了你了，你要趕快成長，靠自己站起來。」

收到這個訊息的朱敏，沒有覺得被安撫和回應，更有一種要爆炸的感覺，為什麼主管要這樣說她？她哪裡不夠好？她哪裡沒有靠自己的力量努力？過去她這麼努力和打拚，就算有得罪人，那也是因為自己有話直說，把公司的人都當自己人才會這樣啊！為什麼主管要這樣說她？想到這裡，朱敏不敢置信地淚流滿面，不得不全盤推翻過去，也對自己的未來感到迷惘。

這是「孤兒」人格原型啟動的開端：被背叛、被出賣、被遺棄、被切割和被忽略。這時候的孤兒，會感受到椎心刺骨的撕裂感。他像是整個人被大刀劈開，感覺自己過往相信的世界，或全心信任的關係，完全走了調、變了形，不禁懷疑自己為何會如此天真？為什麼過去從沒察覺什麼？為什麼自己過得如此沒有危機意識？

孤兒的跌落，或是經歷到的驅逐出境，都像是一種告誡或警示，要個體了解真實的世界，有殘酷的本質存在。這包括了資源有限、利益衝突，和每個人都必須為自己承擔存活的責任，沒有人可以永保你一世安康。

自我覺察引導：以慈悲和關愛來對待自己

固著在孤兒人格原型的人，最常感覺到：「我要（I want）、我受傷了（I hurt）、我需要（I need）」，而且常感到沒有人願意及能夠解決這些問題（一種孤立無援的感受）。

孤兒的自我觀感是：不信任自己有能力、視自己為弱小無助者、不相信能照顧自己、覺得自己毫無價值、對於危險相當地恐懼不安和焦慮。

孤兒能往下一個發展歷程轉化的契機是：行動。為了他所真心渴望的，展開行動，踏出自以為的安全舒適圈，探索及開發自己的各方面能力，並且放下對於「安全」的執著。

耽溺在孤兒原型的人，為了否認痛苦，會以麻痺及上癮的方式，企圖隔離痛苦的感受，例如：沉迷於酒癮、藥癮、性癮或強迫性飲食（暴食狂吃），以及無法克制的購物。這些行為都來自於衝動和逃避面對自己的處境，所形成的轉移，沉淪在不願長大及面對幻滅真實的絕望中。

孤兒原型的人，要能真正地站起來，面對自己前方的未知，需要先以慈悲和關懷來對待自己。若拒絕承認內在情緒的痛苦，我們就會以各種形式和方式，來偽裝自己表面上還是待在原來的世界一樣，沒有歷經任何失落及改變。

我們需要了解，來自黑暗的「陰影」朋友，代表著我們壓抑、切割、排除及拒絕的面貌和人格能量。當我們恐懼承認也害怕面對，把它們視為「不好」的壞東西，以為只要不承認、不面對、不理會，就代表它們不存在，沒有任何的影響，這是一種自欺欺人。這些從黑暗處來的朋友（你的各方面情緒），都是來真誠地告訴你真實的感受，也是讓你知道自己的生活已經遭受改變，不是你執拗不接受事實，抗拒失落的發生，就能回到從前。

你越想假裝無恙，就越會在冷不防時，瞥見它們的出現和影子，而感到驚慌失措，覺得要被來自黑暗處的它們反撲或追殺。

其實，若你願意放下習慣性的屠刀——自我否定和批評，別總是切割、排除及拒絕自己，那麼你就有機會聆聽它們從心海深處傳來的消息：「**別拋棄我，我需要你無條件地愛和擁抱。**」

它們都是來自你生命過程受過的傷和受過的苦，以及曾經遭遇被否定和被拒絕的你的一部分。你以為只要你夠光明、夠天使、夠無私、夠努力，那些黑暗的部分就永遠被你甩得遠遠的、遠遠的。甚至以為這樣是追求成功、正面、積極和完美，卻是你埋下恐懼、焦慮、羞愧和無力感的開始。你害怕自己被戳破、害怕自己不實在、害怕自己被看穿、害怕自己被否定……這些都來自你害怕那些被自己甩開的黑暗面貌再來找到你、附著你，所以，你總是在跑、在逃。

在這個「孤兒」階段，生命安排你停下來，面對孑然一身的自己，當沒有包裝、沒有光芒、沒有恩寵、沒有閃亮亮的冠冕，才能真正認識到：你是誰？你究竟是誰？

沒有真正地接納、沒有真實完整地悅納自己，承認自己所有面貌的存在，你就無法真實地領悟「完整地和好、和解」，究竟是什麼樣的歷程。你對於自己到底是誰，當然還是一樣衝突、對立，一樣的半知半解。無法有完整地認識，也就無法真實完整地成為獨一無二的你自己。

如果你迴避了「孤兒」階段的領悟和鍛鍊，只是被「鬥士」人格原型的能量吸引，或是被「殉道者」的人格原型能量吸引，那都可能只是一種偽裝和替代，所呈現的虛假面貌。你還是會受到未轉化的孤兒原型負面能量所宰制，只是想吸引他人來交換你要的情感，把關係中的對方操縱成為你想要的理想照顧者。

完成任務，通往下一關：流浪者原型

在孤兒狀態裡，你會充分地體認所有的感覺和經驗，這包括對安全和依賴的渴望。痛苦也是一種挫敗，是一份改變的動力，唯有「勇於改變」，人生才可能轉化成新的自我。

透過對自己痛苦地慈悲接納，我們會從麻木中將自己解放出來，帶領自己學習內在的安全感，超越生存及生死之間的恐懼和焦慮。

當你開始走出原本的牢籠（當初以為是美輪美奐的天堂），起步的開始，即是流浪的開始，也就是啟動「流浪者」人格原型的鍛鍊能量，走向真實認識自己的探索旅程。

內在人格原型03

流浪者（Wanderer）

「孤獨並不是來自身邊無人。感到孤獨的真正原因是，因為一個人無法與他人交流對其最重要的感受。」——榮格

主要特徵 與人疏離、格格不入，恐懼孤獨而搪塞時間。

主導情緒 孤獨、寂寞、平靜、疏離。

正面表現 專注認識自己，學會體認生而為人必有孤獨的時刻存在。

黑暗面貌 恐懼感受到孤單和寂寞，拒絕體驗自我存在的孤獨感。

卡關課題 無法離開破碎失落的人生，執迷於空洞的關係，抗拒走入自己的內心。

原型表現：不斷出走，尋找下一個停靠站

在「流浪者」人格原型的發展階段，即使你內心想要與人、與團體親近，行為卻常背道而行。像是把自己的行程中安排了許多聚會，看起來很匆忙、很趕、很多安排，卻沒有辦法和任何一個身邊的人親近，以及感受到連結和歸屬。

同時，你會很想逃避經驗內心的孤單感。越不想經驗存在的孤獨感，越會在探索自我內心的課題上停滯，無法歷練內在承接自己的厚實度。

在這個階段的發展中，許多人會面臨喪親、失去配偶、失依，或被迫離開某個長久歸屬的團體或組織，自己跑單幫，不然就是會發生「想依靠什麼，就失去什麼的處境」（這是一個促進學習「流浪者」能量的情境）。

處於這個人格原型階段的個體，因為無法再順理成章、理所當然地依附或歸屬過去的團體、組織或關係，而被迫必須出走，尋找自己人生的下一段旅程、下一個停靠站。

但人生的停靠站沒有那麼容易找到，所以流浪者會經驗一段時間的流浪，漫

無目的到處停停走走，無論內心多渴望停歇，獲得渴望的依靠感、歸屬感，但都不會順利地獲得歸屬或依附，很快地就會發現自己格格不入，趕緊離開，去尋找下一個可能的歸屬。

從現實生活情境來看，正處於流浪者人格原型任務的個體，會出現無法找到令自己感覺到安全、安心的職場。就算想工作，每個工作的時間都非常短暫，一個換過一個。

即使你心想把職涯先暫停下來，以進行內心的整頓和修復，也會無法和任何所尋求幫助的組織或團體產生信靠和連結。你會像逛商店櫥窗一樣，瀏覽了一個又換一個。總之，很難建立穩定及長久的關係。

因為這個階段的任務是啟動深入探索自己、認識自我的能量，通常在流浪者階段時，是人們買最多書、看最多書或搜尋大量網路資料（或影片）的時候。你會想要透過各種資料的翻閱，來了解自己怎麼了，以及找尋自己對人生困惑的答案。因此，這段時間你會尋找命理師、諮商師、靈性導師、占卜師的機率也比處於其它人格原型階段時，更為頻繁。

最大心魔：害怕孤獨

流浪者的內在狀態，不論已婚或未婚，有孩子或無孩子，在這個生命發展階段裡，都會感受到強烈的寂寞和孤獨感，有一種進入心靈沙漠的感覺，和周圍的關係形成了無言以對、無話可說的困境。

若是你越抗拒體驗孤獨、透澈理解孤獨的真義，越是無法展開內在真我的探索，以致膠著在寂寞的情境中，不斷消耗自身能量，更會因此延宕在進退不得的處境，使自己每況愈下，越來越無力。

「害怕孤獨」是流浪者最大的心魔，因為他們害怕一旦起步了、出走了，就會失去所愛，也會離開安全的舒適環境，經歷前所未有的窘迫和困頓。

流浪者若是太害怕啟動冒險的勇氣，抗拒經驗探險的未知，就越會因執著而抓取過去建構的一切條件，即使那些條件早已不復存在，或根本早已空洞化。

若已啟動流浪者探險旅程的人，也需要關切自己是否真的走往「認識自我」的道路，更完整且深層地探索自己。

若你只是承受孤獨感的摧殘，感受到被孤立感吞噬、滅頂，無意識地走向不健康的孤獨（更準確來說，是自我封閉和抽離的孤立感），那流浪者的任務課題也無法完成，就不會有真實力量走向下一個「鬥士」階段的鍛鍊。

因此，歷練自我孤獨的經驗，發展完整的獨立性、個體性，統整具有承接力、處理能力的自我，是我們重返世界、展現成熟自我，很重要的關鍵時期。

流浪者這個人格原型，其隱喻就像是「隱士」的模樣，雖然流浪，卻是透過自己的足跡，觀察這個世界，也更深入地了解自己，因此而得到了通曉天地人的高度智慧。

卡關困境：缺乏離開的勇氣

愛菲在婚姻裡過了二十五年，小孩都已經成年，開始展開他們自己的人生。原本愛菲對於孩子長大離巢的生命階段，並不特別感到不安或失落，一直以來，她都自認早已做好「心理準備」。

然而，她遇到的最大困擾是，她必須重新把注意力放在丈夫身上。但她和丈夫的關係，不知在婚姻二十五年中的何時，早就已經猶如室友一般地相敬如賓，連要怎麼開始談話都覺得彆扭。

原本孩子都鼓勵她多和丈夫相處，重新找回戀愛的感覺。畢竟接下來的日子，他們才是彼此生活中最靠近的人，總是希望他們感情可以升溫，看見他們幸福快樂的樣子。

但就在孩子紛紛離家求學或生活後，丈夫告知了她，這一刻他等很久了。等孩子大了、責任了了，他想要過自己的日子。過去生活中有很多不得不承擔的責任，讓他心中有許多遺憾和空缺，覺得不把握時間去做會來不及，所以，他想要離婚，放彼此自由。

愛菲當然覺得兩人的關係早已沒有濃情蜜意，但還是不敢相信丈夫為什麼可以毫不考慮地就做出這個決定？她心中懷疑，丈夫外面一定有別人，也許他們其實已經暗地裡進行很多年了，所以自己一直被蒙在鼓裡。

愛菲雖然這樣猜測，但也不知道要如何和丈夫把話說開來，她感覺自己好像得了失語症，竟然覺得哽在心頭上的情緒，不知道該如何表達，所以就算和丈夫面對面，她也只能沉默，一個人納悶。

愛菲心想，這只是丈夫一時的情緒發洩，也許各自冷靜一下，等他情緒過了就沒事了，那時候也許兩人就能自然而然找到繼續過日子的方法。

但愛菲的丈夫就在一週之後，拿了一些行李離開了，只留了一張簡單的紙條：「我要去過我想過的人生，妳也去吧！如果妳同意離婚了，我再找一個時間回來辦手續，除此之外，不要聯絡！」

愛菲感覺到晴天霹靂，看起來很日常的一天，自己卻像被丈夫休了，而她連自己為什麼被丈夫拋棄了都不知道原因。

愛菲覺得自己付出了青春歲月，為了所謂的美滿家庭竭盡心力，怎麼到頭來，她的丈夫，這位人生的伴侶卻表現出一種忍無可忍，連一刻都不願意和她共度的反應，這讓愛菲覺得自己很沒價值。但她不敢告訴任何人，包括孩子、朋友、娘家親人……她不想讓別人知道真相，也不想破壞孩子心中的父親形象；她不想讓丈夫在娘家的親人心中留下任何負面印象，更不想如果有一天丈夫想通了，回來了，他們的家已經垮了。她想，自己一定要忍耐，保持沉默和隱忍，她相信丈夫只是中年叛逆，也許他是生病了，才會做出這麼衝動、這麼離譜的事。她暗自告訴自己，不要想太多，不要被自己心裡的情緒淹沒，就當沒事就好，還是像過去一樣過日子，重要的是，絕不能讓任何人發現和知道。

自那天之後，愛菲就開始一個人獨自對外演出，找各種理由幫缺席的丈夫掩飾，用各種方法掩蓋丈夫不再出現和參與家庭事務的真相。漸漸地，愛菲感覺到自己很不對勁，有一種難以言說的無力感和絕望感，正在吞噬著她，她卻覺得自己求救無門，只能硬撐。

若是面臨了「流浪者」任務而卡關，以致動彈不得的人，正是因為一直抗拒從囚禁中起步。他們把自己鎖在最安全的想像中，因為害怕未知和面對真相，寧可困在高塔中，或自己蓋起來的圍城裡。看起來像是堡壘，其實是囚牢。因為他們太害怕探險，拒絕冒改變後的風險，因此希望維持一個一切不變的假象，以此來說服自己沒有失去任何所愛的人。

他們抗拒承認孤寂，寧可耽溺在寂寞的自怨自憐中。如果沒有為自己出發，重新學習認識自己，困在「流浪者」人格原型任務的個體，不僅無法發展出獨立的自我意識，也無法真正地建構自我實現的方向，為自己的人生破繭而出。

自我覺察引導：你的傷，只有自己最清楚

每個人都走在自己人生的軌道上，沒有誰會為你深刻地記得，你經歷了什麼、遭遇了什麼困頓。僅僅在路過的一分一秒中，我們互相對望、交談、關注、知曉，而後我們再度經過彼此，繼續自己的步伐，記憶自己的記憶。

所以，你比任何人都更需要知道：如何善待自己，如何陪伴自己，如何理解自己，如何照顧好自己。

關於你記憶中的過去，那個人、那些人早已離開你記憶中的位置，離開那個時空。唯獨你，在當中悔恨、懊惱、忿恨、沮喪、無力、委屈……嘲諷自己和對自己怒目相對。甚至，你的傷，也只有你自己懂、只有自己最清楚。

在這樣的時刻，如果你否認看見自己的傷口和脆弱，也逃避去面對失去的事實，那麼這一份「否認」和「逃避」會將你困住，讓你猶如在沒有出口的昏暗迷宮中，找不到出路。

其實，無論是你的晴天、你的雨天、你的陰天、你的霧霾，只有你與你自己，真實真切地在那一刻，經歷經驗。

好好在乎你的在乎吧！好好關注你的關注吧！好好感受你的感受吧！好好經驗你的經驗吧！好好覺知你的覺知吧！這是你在「流浪者」階段，最需要和自己一起體會的。好好地發掘你自己，好好地認識清楚自己。在過往，你可能從未有機會如此清晰地端詳自己，無論那是什麼樣的一個自己。

你所遭遇的一切，只有你會真正記得，也只有你能知道這對你的意義為何。所以，好好認識清楚自己，以及學習照顧好自己，是你走在「流浪者」歷程中，最重要的課題。

無論那是你自願或是非預期地踏上流浪者的歷程，花越少力氣抵抗這個事實，你才能蓄存一些體力、心力，陪伴自己開始面對自己。

流浪者最可能發生的年紀是在初出社會時，那時的你，會感覺到自己跟不上主流社會的步伐和軌道。也可能發生在三十而立的前後，你開始感到茫然，不知道循規蹈矩、日復一日地在社會上努力，究竟是為了什麼？究竟你是誰？你在此生在追求什麼？什麼又是你想實現的自我？

而更多的流浪者，是發生在四十多歲至六十歲之間，在過去背負責任、養兒育女、成家立業的任務和目標都告一段落後，忽然間茫然地不知道自己是誰；甚至感到自己不知道在何時，已變成麻木空洞的一個人，感受不到自己的感覺，也不知道自己未來要往哪裡去。

巨大的社會經濟體系，總是讓我們不得不地順從，務必要求自己要跟上、要符合標準，不論是認真努力工作，還是積極擁有我們應該得到的愛情、尊敬、權力、受人欣羨的條件成就。卻沒有太多時間和空間，真的停下來清楚辨識自己，也對關於「自我」的一切漠然。

當你漸漸地失去了自己，感受不到自己，再也沒有自己的熱情和喜悅，也沒有自己的快樂和悲傷，你的愛及精神必然枯萎。若你無法真實地給出愛，自然也無法貼近自己、體會到愛。

與自己無法親密的人，會逃避親密，即使非常害怕孤獨，也無法真的進入親密關係。

而假的流浪者，他們並不是真的在學習和自己親密相處及對話，他們只是以流浪者的形式，害怕親密也害怕孤獨，而處於一種既要抓住關係卻又害怕親密的處境上。

真正進入流浪者任務及課題的個體，是願意勇敢地自我探險，往外在更開闊的未知世界前進，同時也往內心更深的內在世界探索。

當他在與自己親近的對話和接觸時，可以體會內心的真誠交流和自我悅納的歷程，每一天的認識自己，都更增加對自己一部分一部分的了解及統整。

當他不再假別人之手來認識及了解自己，他便對自己有最充分及踏實地認同和尊重，這也是他邁向下一段「鬥士」人格原型鍛鍊，最堅厚的力量及智慧。

完成任務，通往下一關：鬥士原型

流浪者的發展階段，必須經歷一段孤獨的時光。只有自己和自己在一起的處境，最能認清自己。

在此階段，流浪者最重要的任務是：對現實世界的運作及原則，提出自己的信念，越清晰越好，才能深思熟慮。

不論向外探索或向內探索，都是為自己建立探索的地圖和領域。

流浪者若想完成此階段的發展任務，要做自己，每一刻都要為自己負責；要有對自己的紀律和自控，才能辦到。而之所以會陷落，無法轉化成長的癥結，往往在於太害怕寂寞和孤獨，以致持續地活在牢籠中，以討好和取悅關係度日。

透過流浪者歷程的自我認識和自我負責的學習和歷練，個體終將要面臨和這真實世界的互動和撞擊。

沒有歷練完成「流浪者」人格原型任務的人，對自己的界限和原則，甚至價值觀和信念一無所知，也對自己所具有的能力和能量無法駕馭及掌握。

即使他不得已必須要面臨「鬥士」的任務及課題，也會遭遇極大的挫敗，成為孤寂又沒有能量的鬥士。因為他們無法克服及駕馭內在的寂寞，所帶給自己的挫敗和虛無感。

當你真實地領會到孤獨為自己帶來的正向獨立和自我承擔，那麼你將進一步地勇敢啟程，騎著你的戰馬，啟動你的「鬥士」能量，奔向你的凱旋之路。

內在人格原型04

鬥士（Warrior）

「如果你有意避重就輕，去做比你盡力所能做到的更小的事情，那麼今後的日子裡，你將是不幸的。」——馬斯洛

主要特徵 明辨區分哪些路徑、觀念和價值更有效，以提升生命。具有現實取向。

主導情緒 憤怒、勇氣、熱血、衝動。

正面表現 主宰自己的命運，具有堅定的意志，勇敢屠龍（面對問題），戰勝挑戰，獲取成功。

黑暗面貌 心懷暴力破壞、憤世嫉俗、易怒的暴躁者、殺戮攻擊。

卡關課題 無法體認自己的意志和力量，恐懼無法成功而裹足不前，並產生抗拒和逃避社會的態度。

原型表現：在生存之戰中，不斷奮鬥

在「鬥士」的人格原型階段，我們要在這世界中取得力量，肯定及認同自己的身分，真正地把自己的本質和能力發揮出來。「鬥士」原型的力量是關於生理的、心理的、理智的和精神層次的。不論是體能上、智力上或心靈精神方面，活在這世界上，我們有權，將自己的生命活得生氣勃勃！

不論性別，我們都需要領略內在鬥士的「道」：紀律、自制、把持，還有力氣和能量的駕馭。

「戰鬥」是我們活在這世界上，必然面臨的情境。這不一定是指在戰爭中，而是在職場適應，面對生存競爭，或具有侵略性及不公的情況，我們都必須要有戰鬥的體力和能力。

通常在鬥士的人格原型階段，是最具體磨練「技術」的階段，就像在訓練某一項技能或某一精通的技巧，務必要讓這一項技能或技巧熟能生巧，成為自己的生存絕技。因此，反覆運用某項技能或策略，以達成某項任務及目標，甚至完成某種效忠的使命、信念，都會是此人格原型階段很明顯的表現特徵。

處於「鬥士」能量的人，都會處於一種生存之戰中，小從自己的生存，大到爭取自我價值的重大肯定，甚至為自己贏取高度崇敬，都是鬥士人格原型階段，所會遇見的生命情境。**「奮鬥」是他們生活的主題，無論在工作事業、休閒、友誼、親密關係上，都會展現出這樣的特質，積極專注在贏得勝利。**

因此這一個人格原型階段，個體會處於極大的身心壓力中，被一種強烈的、衝擊的、匆促的、緊張的步調推著走。如果沒有調適壓力的訣竅和懂得自我關照，這個階段的人們，很常見身心症、自律神經失調、消化道疾病，以及許多內分泌失調和新陳代謝的問題。

最大心魔：害怕失敗，而焦慮不已

在這個原型的發展階段，你的內心會積極想要為了贏得勝利而奮戰。然而，學習面對「恐懼」（害怕失敗也是一種恐懼），是這個發展階段必要的歷練。

雖說渴望勝利，但若沒有自信心做為內心力量的來源，也可能會因為太害怕失敗而造成極大的焦慮。

在這個階段的發展中，你若是為了戰而戰（反叛），而沒能將駕馭能力和關愛能力統合起來，那麼戰鬥並無法使世界更好，反而會為了私利而對世界及環境造成極大的破壞和殘暴。

在這個鬥士的人格階段，由於你太想要成功、致勝，也太想要證明自己傲人的能力。若是失去自律和自制，失去對自己精準的把持和嚴格律己的態度，那麼鬥士的能量，可能會被用來要脅別人或侵略別人。只要為了達成目的，都可能不擇手段。於是，暴力的攻擊、為了對抗或控制而進行的破壞，都可能在這個階段出現。

特別是，當鬥士的能量以負面的型態展現時，個體必會承受現實社會所反饋來的衝擊和挫折，而對社會抱持更大的憤怒、不甘心及受害感，因此鬱鬱寡歡。男性會展現出鬱鬱不得志的暴躁，女性則會展現出強勢好爭，充滿不平的情緒。

因此，鬥士最大的心魔是什麼呢？就是蟄伏在內心中的黑暗勢力：自私、自戀、暴力及破壞。只要失去關愛世界之情、失去溫柔的力量，好戰的鬥士都將成為毀滅這世界的惡魔。

卡關困境：和現實世界對抗

智勝在職涯上曾任職過兩家公司，分別工作到大約五年時就提離職。主要的原因都是覺得沒什麼前景可期，不僅沒什麼升遷可能，薪資可以調升的幅度也不大。最主要的原因是，他看不慣老闆的樣子，和老闆的關係總是疏離。

說起以前公司的老闆，智勝心裡就有許多不滿，總覺得自己和那種人不對盤。只要他所提的意見，老闆不但不採納，還會嘲笑一番，讓他感覺很不受尊重。他特別討厭年輕老闆那種自吹自擂的模樣，明明沒什麼本事，只因為是家族企業就可以坐上總經理位置，其實他根本就什麼都不懂。

在做了兩份正職之後，智勝不想再看人臉色了。他認為自己的能力比那些公司認為的更強、更好，只是他們不懂識人、用人，把他大材小用了。

智勝認為應該是時候為自己拚搏了，否則只能在這個看不見自己能力的際遇中埋沒了一生。於是，智勝說服了父母抵押老家房子，籌了一筆創業基金，他終於成立了可以完全實現自己抱負，屬於自己的公司。

但是，創業原來並不像智勝想像的單純。除了自己能掌握的技術外，突然有了諸多雜務、成本、會計、人事。自己當了老闆後的工作，比當初上班時只需做好自己份內的事，更令智勝感到千頭萬緒、乏力應對。

智勝心想：這一定有哪裡出錯了，在自己的計畫中，事情不應該是這樣的。自己是出錢的老闆，難道不應該像自己認知中的「老闆」一樣，只要指揮下屬，讓自己的意志貫徹，事業自然能如自己的預期一樣，有著蓬勃的發展和收獲嗎？每天醒來想到那個「自己的公司」，智勝就感到深深的挫敗與沮喪。資金已經逐漸耗盡，經營上卻離自己預期的成績好遠。他感覺自己已經精疲力盡，不得不去承認自己再度被「命運」打敗了。

而在智勝已經壓力大到喘不過氣來時，媽媽又不斷地詢問：「這事業到底做不做得起來呀？」爸爸則三不五時地對自己搖頭，好像早就看破自己一定會一敗塗地，這讓智勝更焦慮不已。

他很不想承認自己會失敗，但每個月龐大的支出，又見不到幾張訂單，眼看著即將見底的資金，讓智勝時常心煩氣躁，對父母的口氣也越來越不耐煩，完全不想和他們見到面。只要一見到面，智勝就耐不住脾氣，特別是對媽媽，智勝總是沒好氣地吼媽媽：「別煩我！」

不只如此，智勝交往九年的女友覺得兩人的關係也應該走到下一個階段了，到了該討論婚嫁的時刻。這讓智勝更覺得厭煩，不懂為什麼女友要在這個時候增添自己煩惱。難道女友看不出來現在的他根本事業不穩，要拿什麼成就來迎娶她？拿什麼條件來讓女友的家人可以看得起他？

但智勝說不出這些心中的壓力和煩悶，他不允許自己展現脆弱，也不能承認自己的失敗和失策。不知道究竟該如何是好的他，只能把這些過錯歸咎在不景氣、政府的低能政策，還有世態炎涼，讓自己滿腔的理想，懷才不遇。並且把這些快壓抑不住的怨氣，轉移到女友身上。他心想，若是讓女友對他死心提出分手，或許也是一種解脫吧！

鬥士總是精疲力盡……他們的生活不是去和他人對抗，就是和自己認為不具價值的內在對抗（像是懷才不遇、不得志）。在不斷的戰鬥之下，他們的靈魂、身體及心理，不停地耗損，而可能導致使用藥物、酒癮、咖啡因方面的上癮，或是性愛上癮來熬過這些時不我與的時刻。

所以，鬥士需要明白及體會身為凡人的脆弱，以及他們有對愛、對關係，精神和肉體上獲得支持的需要。承認自己的軟弱和限制，是一份反饋的贈禮——最終我們都要相互依靠的，身為普通人的我們，需要別人、大地，也需要神（生命的源頭）的支持和滋養。

自我覺察引導：駕馭自己的戰鬥力

身處於華人社會的我們，若是女性則易受制約及壓抑，而無法進入及啟動「鬥士」的正向能量。害怕衝突、害怕自己沒有溫柔婉約的形象、害怕自己的能力讓男性退避三舍……都讓女性必須壓抑和否認自己內在的「戰鬥」力量，只能委屈地忍耐及禁聲地任由不尊重的情事，不停地侵犯和剝削她們。

傳統文化下成長的女性或許可以為別人而戰。卻無法為自己而戰，因為在傳統的制約下，為自己而戰，會讓她們認為自己是自私的。女性總是容易被當作「殉道者」（下一個人格原型階段），必須犧牲和奉獻。

活在這個時代的男性，長久以來也同樣沒有正向「戰鬥」力量的典範。過去權威的父權社會，我們看見許多男性長輩大多運用拳頭、暴力、威脅和咆哮，來展現戰鬥的負面能量。對家庭或社會進行大量地破壞、批判、剝奪及侵略，讓許多後輩的男性因為恐懼及幼年的受創，而在內心抗拒戰鬥的能量，更加地退縮及封閉。不然就是不得不、無意識地認同了過去行使戰鬥能量的負面示範，形塑出另一個暴力、恐嚇及衝動的自己，任意地向身旁的人索討，剝奪他們的財物、資源或個人身家安全。

我們要察覺自己內在的戰鬥能量，並加以駕馭及統整，行使在對公眾有益的事物上，以改善社會和環境的不公和殘害，發揮建設的力量，這才是「鬥士」能量的正向發揮。

我們在看各類英雄片時（例如：復仇者聯盟或神力女超人），都可以看見無論是正派或反派人物，其內心都有著自己所認定的「拯救世界」的理念或價值觀。然而，最大的差別在於，正派人物選擇的是維護和建立，而反派人物選擇的是破壞和殺戮。

對所謂的「拯救世界」的信念，正派人物選擇的是為了「世界」的永續存在，而反派人物是為了「自己」的永續存在。這就是正向「鬥士」和負向「鬥士」最大的差別。

沉淪於人性黑暗勢力的鬥士，一心只想著自己的利益，即使要犧牲別人和環境的資源，也在所不惜，只為了達到自己的目的和利益。但真正能帶我們提升能量、成熟轉化的「鬥士」修練，是要我們建立更真善美的世界，關懷我們所居住的大地，也關愛人類和其它生物。

某種層面上，當你在為了某個真理或信念而戰時，這種為了建構一個更好世界的意念，會讓你經驗到義無反顧的勇氣。你需要學會信任你自己的理念，在面對危難及艱困時，為你的信念實踐，並為此負責。

只有你不淪落，不退回過去的教條權威去尋求庇護，也不因此成為暴君、惡魔，那麼你會慢慢地從學習「鬥士」的能量中，懂得放下自以為是的態度，並開展謙遜、彈性、富有關愛和溫柔的歷練，然後洞察出：真正的英雄是涵容著力量和溫柔的典範。

完成任務，通往下一關：殉道者原型

鬥士的正向發展是：改善自己和他人（愛人、朋友、環境）的生活，建構更好的世界。因此他必要歷練過「流浪者」的自我認識及自我負責，才能為自己的所做所為承擔起責任，以此信任自己對是非好壞的判斷，以及對解決問題的策略判斷。然後，因為對自我的信任和信心越強大，也能越加溫柔和溫厚，深信自己已能保護自己，而不需要處於焦慮和對生存的不安全感中。

鬥士的力量若是往負向墜落，則會對於心中的惡棍或問題展現出越暴力的那一面，持續地防衛，使他的暴力越發不可自制；反對社會的情緒也會越來越失控，持續在憤世嫉俗中「惡鬥」。

當你的奮鬥，是為某個你想要守護的對象（信念、理念、個人、族群），付出你的一切，甚至是超越死亡都不懼怕的犧牲時，你就準備要從「鬥士」的能量轉化至「殉道者」的階段。你已能從破壞、攻擊的對抗者中超越，具有更大的力量（能量）去給予、去成全自己想要守護的對象。

在你兼具真正的力量和溫柔後，就是走向下一關「殉道者」原型的起點。

內在人格原型05

殉道者（Martyr）

「正因為我們不能自力更生，所以只能把自己和另一個人連在一起，這個人也許是我生命的拯救者，但是這種關係與愛無關。」——埃里希·佛洛姆

主要特徵　擁抱痛苦、犧牲、奉獻、付出，愛的表現。

主導情緒　自我犧牲和空乏（無力和自我消融的空虛）。

正面表現　捨棄自我，犧牲奉獻，實現愛與尊嚴。

黑暗面貌　以助人來抬高自尊及重要感，病態的拯救者，失衡的照顧者。

卡關課題　沒有界限的關愛行為，掩飾空虛感的拯救。

原型表現：受苦，來獲得自我滿足

「殉道者」人格原型的內在狀態是：真誠奉獻生命，以使世界更好。透過捨己救人的心意和行為，體現到「施比受更有福」。

出於真誠的犧牲，是具有轉化功能的，當你感受到付出和奉獻，能讓你成長，讓雙方互惠，這便是合宜的付出。

這個人格原型的階段任務，是要我們體認愛的本質，為自己的信念及所愛的對象，我們寧可犧牲自我，也願意奉獻。

處於這個人格原型階段的人，往往投身社會救助運動，或是成為宗教團體的奉獻者、傳道者，又或是家庭中重要的關懷者、照顧者。他們樂於行善，對生活抱持希望，能夠為了自己想要提供幸福生活的對象，自我犧牲。

但僵化在「殉道者」人格原型能量而動彈不得的人，可能執迷於透過受苦及犧牲，來自我滿足，獲得他們需要的自尊和驕傲。他們會投入一個又一個的救助行動或自願的助人工作，將時間和精神填滿，以此獲得生命的價值感和意義感。

基本上，此人格原型是為了讓我們體悟「施比受更有福」沒錯，但若你的內在是空洞的自我，以及匱乏的價值感，即使是助人行為，也可能成癮。

幫助別人或讓世界改善得更好，絕對是善事，也值得鼓勵。但我們仍需從這些我們自願犧牲的事物中，更多地認識自己，了解自己的可為和不可為，以及你所能付出的部分和應該設限的部分是什麼。有智慧地助人，以及有能力地付出，在這個人格原型階段同樣地重要。

最大心魔：對自私的罪惡感

在這個原型的發展階段，若是虛假的殉道者，往往是因為想逃離「孤兒」無助的能量，和逃避成為「鬥士」的訓練階段，因而受到「殉道者」能量吸引，做為虛假自我的面具，以愛之名，掩藏怯懦，逃避真實自我。這種情況的殉道者，並無實質的力量去奉獻，充斥著不實的助人藉口，來獲取被他人尊敬或認可這份虛假的犧牲。

虛假的殉道者，會不斷地利用別人需要幫助的時刻，養成那些人的依賴，讓他們非需要他不可，以此來覺得自己是重要的人物。成為別人生命中不可或缺的需要，占有舉足輕重的地位，以此來獲得滿足，抬高自我的自尊和重要感。

因此，「殉道者」若是陷落於黑暗面的支配，則會受到自己內心虛無的價值感，及恐懼自己不重要的低自尊所擺布。無限及無盡地尋找依賴者及受助者來依附自己，並以此來控制及操弄這些受助者，成為軟弱的依賴者。然後，以關愛的名義，要這些人非聽從他的指導和幫助不可。

另一種陷落沉淪的情況，則是非要自己做完全的殉道者：受苦、自我犧牲、無盡給予、完全失去自我……以此來迴避經驗到恐懼。因為害怕「自己是自私的、不好的」而生的罪惡感，於是不顧三七二十一地能給就給，不能給也想盡辦法給，甚至已經給到讓對方狀況越來越耽溺和糟糕，自己也沒有智慧和能力來辨識究竟什麼是真正的助人。

因為對內在空虛狀態的逃避及否認，還有恐懼自己是自私的罪惡感，讓殉道者的能量無法提升，也就無法成為一個成熟、內在能量富足、有智慧分辨如何付出的關愛者。因此，哀怨、怨懟、覺得被背叛和被辜負、不甘心、委屈等的情緒糾葛，就常見於虛假的殉道者心中。

卡關困境：關注別人，來取代關注自己

旭光是一位專業人士。他除了有固定工作外，在網路上，他還成立了個人的社群網頁。除了介紹及分享他專業的知識外，對外他總是表示自己好交朋友，覺得在這世上生活，大家就要彼此關懷，才能讓世界更好、讓彼此更好。

旭光另外還有一個身分是：「曾經的憂鬱症患者」。這意謂著他已從憂鬱症康復了，現在的一切讓他覺得世界充滿希望。過去在醫院、診所就醫的經驗，讓他知道罹患憂鬱症或身心症的人口其實很多，他知道許多人都活得不開心及對生活感到茫然。不知不覺中，他心中默默地升起一個念頭：「要有人帶給這個世界希望和快樂」，而他覺得自己可以扮演這個角色。

因此旭光常透過自己成立的網路社群，發表許多心靈雞湯式的短文，而他充

滿關懷和溫暖的文字與圖片吸引了許多人點閱。旭光的個人網頁也逐漸成了心靈能量補給站，讓許多感覺自己受苦卻不被別人理解的人，來這兒能得到旭光或其他人的安慰和鼓勵。

漸漸地，這個網頁成了許多人吐苦水的地方，大家幾乎把生活中各種糟糕的情緒、挫折、難過、失落，就像倒垃圾一樣，固定地往旭光這個網頁倒。

旭光一開始認為，這正是自己所期待要做的事，自己正在成為想成為的人，能對他人鼓勵和幫助，所以他總是感到快樂，也在心中倍感自己存在的價值。但隨著時間日久，旭光耗在網路上回應訴苦的時間也越來越長，甚至影響到了自己的工作和生活，也犧牲不少和家人、朋友相聚的時間。

後來，情況變得越來越複雜及沉重。旭光的私訊提醒聲總是一整天響個不停，他甚至半夜常常被私訊的提醒聲驚醒，或是一大早就看見自己手機上顯示未讀訊息的數量驚人。旭光開始感到自己的生活彷彿像是惡夢，自己被私訊提醒聲追趕到無處遁逃；未讀訊息的數量，也像是一聲聲埋怨的聲音，怨怪著自己為何沒有即時回應、安撫，既然想助人，為什麼這麼冷漠無情。

然而，這些人是那麼依賴自己的安撫和鼓舞，讓旭光不敢放下這責任。有時候因為事忙而遲於回應，或實在是感到心力交瘁回應不力時，旭光都會接收到那些習慣接受安撫的網友直接表達的埋怨與不滿，這時候他也會自責自己太自私，居然違背了當初的「初心」。

但是要保持隨時能夠盡心傾聽，以及無時無刻的溫暖，這讓旭光開始感到力不從心。常常回應完一個又一個網友的情緒抒發後，他發現自己已精疲力竭，簡直就像是當初那個得了憂鬱症的自己，只是沒有另一個旭光能陪伴自己。

心情越來越沉重，也越來越無力的旭光，不敢告訴任何人，也不敢關閉網頁，他擔心那些習慣掛在網頁上跟他訴苦的人無出口可抒發，也擔心別人罵他沽名釣譽——既然做不到，為什麼要開設這個讓人吐苦水的管道？

旭光沒有注意到自己的心情越來越低落，越來越陷入在黑暗之中，此時的他人成了他的地獄，他覺得自己只能完全犧牲，完全不在乎自己，似乎才說得過去。只是，就算他想自我犧牲，想承受所有人的痛苦和憂傷，自己還有多少精神和能耐呢？什麼時候自己會崩潰呢？他想都不敢想……

適當的犧牲，會使人們對自己的價值與奉獻，以及和他人相處的價值與承諾有更深的了解，從而使個體更能表現出自己、完整他自己。

不適當的犧牲，則會使人失去與自己的連結，也失去享受愛與親密關係的能力。結果，出現「異位」的現象，以了解別人來替代成為自己，以關注別人來取代關注自己，並且無意識地要別人依據自己的期望來生活，否則視為忘恩負義，或是背叛。

當人們以虛假的「殉道者」做為別人的拯救者時，往往是為了迴避體認自己的怯懦和空乏。因為不想面對自己內心的空洞、黑暗，而立志成為別人的光，來和自己的內在黑暗保持遠距離。

然而，一旦將自己是「光」的這一面公諸於世，那麼所有的黑暗就會看見這道光，紛紛流向他、占據他、侵入他，這可能是虛假的殉道者始料未及的。他們總是忽略，或是渾然不覺幫助和關懷需要建立界限，幫助和關懷的心志，同時需要智慧和能力。不是一面倒地給予和犧牲，就能真的使世界改善、使人走向善良和健康。

自我覺察引導：你只能將自己有的給出去

不要一直去製造別人「需要」你，而以為別人是愛你、重視你。「需要」是很利益的。因為「需要」你而和你有關係的人，有一天「不需要」你了，自然就會淘汰你或割捨你，和丟棄廢物、清理東西一樣。

愛，不是這樣的，愛是來自感受，是來自相互理解和欣賞，是來自尊敬和重視，是來自一種對生命本身的情感交流，是來自存在與存在之間彼此的情感連結和真誠。這些都不是建立在「需要」上。

因為「需要」才說愛你，「需要」才是重點。

因為「愛」你，因此需要「你」，「愛」才是核心，而「你」是獨特而重要的存在。

因為「愛」存在，我們可以相互適度依賴，卻也可以各自獨立和自我負責。

若是將「需要」當作「愛」，關係裡的需求都可能造成某一方的過度依賴，及控制索求。別把「需要」當成是愛，若是如此，你可能並不真的懂得愛。在愛的功課上，你需要再有所思索及領悟。

自我價值，不等於「可利用價值」。生命的存在即是價值，縱然我們能為所愛的人奉獻自己的生命、犧牲自己的擁有，但那不是為了獲取生存的價值，而是單單因為愛的緣故，我們願意且樂意。

但是，我們從「殉道者」人格原型剛起步時，人們並不明白此番奧妙的深意。殉道者以為付出和助人是一件單純的事，因此願意去受苦、去背負、去扛，用自己的痛苦換取別人的快樂。他們失衡的付出，其實是一種交換行為，用自己的受苦和犧牲換取別人的快樂，也換取自己高貴的靈魂昇華。

然而，若你走到「殉道者」人格原型階段，你需要知道及了悟的是：每一個人都值得體會平靜和喜悅，不需要有人一定要被犧牲、一定必須受苦受難，這世界才得以拯救。「受苦和犧牲」不是生命的根本，身為人、身為生物，我們都能享有歡樂、平等、愛與尊重。

為了自己所愛的人、價值信念，或熱愛的工作理想去付出及奉獻，本質上即是喜樂的事。但是若當中失去和自己、和關係、和世界的真實連結及共好，那麼這一份付出和奉獻，會漸漸地失去喜樂的本質，也會慢慢地吞噬生命的能量，淪陷於無盡的哀怨地獄中。

我們能夠在付出中，保有內心的喜樂和充實，不為付出而感到匱乏及不平衡，這需要來自於你對生命「擁有」的體會是豐富而足夠的。我們只能將自己有的給出去，若自己沒有，甚至匱乏，那麼所給出的又是什麼呢？說到底，所給出的其實是早已掏空、耗竭及虛弱的自己。那麼，不論是付出或是奉獻，都將成為惡性的循環，在耗損中無法給出真正有價值的愛及奉獻。

要停止沒有品質的付出及奉獻，這需要殉道者也能接受他人的給予。想善於付出，就要善於接受，知道自己也是受到上天恩寵，能夠領受愛與尊重的一個豐富生命時，我們所給出和奉獻，就不是消耗，而是分享和共好。

完成任務，通往下一關：魔法師原型

對殉道者而言，健康及有界限的付出即是：施者和受者同樣感到尊重及獲益。所以，不是透過付出，來讓自己高人一等，彌補自己低落的自尊及價值感，也不是造成他人的依賴，讓自己不斷地被人需求。

殉道者最好的發展狀態是：我們不會因為他人而犧牲自己。在我們幫助他人的同時，在決策及決定的過程中，鍛鍊和鑄造自己的能力和智慧，也練習為自己的決定負責。

「殉道者」的最後一課，是選擇將生命這份贈禮無條件地交出來，明白生命本身就是回饋。我們能夠「給予」時，就是最大的獲得及回饋，而不再執迷於別人的反應。同時記住，生命的小失落、小死亡，總是為我們帶來轉化和新生。死亡，並非終結，只是進入未知的通道。最終，宇宙群體的生命終究是一體的。

當我們透澈地領悟到，想為別人帶來豐富的生活，不必然建構在受苦和失衡的付出之後，就能與宇宙的其它生命以及創造者合一，共同創造這個真善美的世界，進入磨練「魔法師」的人格原型任務及課題。

內在人格原型06

魔法師（Magician）

「只有徹底接受自己的真實存在，我們才能有所變化，超越自己現有的存在模式。」——卡爾·羅傑斯

主要特徵 富有寬容及愛，具有指引的能力、豐沛創造力，擁有天啟的智慧。

主導情緒 愛、再度回歸天真、充滿滋養、心想事成。

正面表現 獨當一面、真實成為自己、身心平穩和諧、展現出愛與包容。

黑暗面貌 不可一世，逃避內心陰影（邪惡面），反而被其操控或支配。

卡關課題 不信任生命之道，耽溺在害怕生命的虛無中。

原型表現：善用感官，去認識世界

「魔法師」能謙遜自持，不會以傲慢和控制去操弄他人，並明白他人也要為經營自己的生命負責。魔法師知道自己是與宇宙共生，不是對立，與宇宙一起滋養著萬物，維持著萬物和諧和平衡的秩序。

魔法師會透過各種情緒和痛苦的浮現，從中學習，重新感受到歡愉和力量。魔法師也必須善用自己的感官、心思，去認識世界，去了解真相。他們致力維持世界的平衡，同時抱有仁慈，對待生命不嚴酷。

在歷經「魔法師」人格原型階段修練的人，具有所謂的「同步法則」能力，心想事成的小奇蹟，常會在生活當中出現。也就是自己生命中的偶發事件，正是呼應內心所想，彷彿與宇宙同步，強烈感應到與老天互通，只要自己有什麼心願，就能立刻收到回應或實現。上天會如此垂聽、關照，應允賜福，正因為魔法師是上天在這個世界的「隊友」，是代理者。

因此，魔法師常能收到「啟示」。宇宙提供所需要的領悟，讓你獲得智慧上的啟發，成為別人的指引和育成者。

魔法師們相信世界是不虞匱乏的，沒有憂患、顧慮，能滿足所有人的需要。他能清晰看見外在世界其實反映自內心世界，所以他不再迷惑於外在的生存競爭和追求無窮的滿足。他的所言所行沉穩安定、仁慈寬大，同時他能讓人如沐春風，感受到愛確實存在。他會為人停留、付出、給予幫助，但不執著或渴求反饋，給予付出後即離開，沒有任何條件。

魔法師也會幫助人們了解如何學習無條件愛自己的智慧，並成為一個擁有良好精神、情緒、身體和關係健康的人。他是這世界的夥伴，是維持萬物平衡健全的行者。

最大心魔：無盡追逐更大的權位

魔法師對於「所要的東西」，具有發明的創意，或是能夠安心等待，而不是焦慮和不安地陷落於對生存的恐懼。魔法師的轉化力量，在於能體悟到自己是可以有力量及不匱乏地行走於世，能夠真正地自給自足。這是源於一種對自我的完整和對天賦的肯定。

魔法師的人格原型階段，已歷經了前面五個人格原型的鍛鍊和能量累積，此時的狀態，不僅達到人生的高峰，同時能對環境及他人發揮一定的影響力，能給予他人指引，也能為這世界解難。

但倘若在此階段失去了仁慈和關愛，心生傲慢、嫉妒，以及害怕實力不足而被識破。墮落於黑暗的魔法師，則會走向操弄和欺騙的路途，透過支配和控制他人，來讓人懼怕及臣服，使別人供他奴役及差遣。

若魔法師擁有了某些權力，卻有自身想迴避及否認的陰影，為了驅逐及消滅內心的陰影，就可能無窮無盡地追逐更大的地位和權力，以進行更大的操控和計謀。這都是為了鞏固自己的地位、權力和名利，也是一種害怕面臨生命消失或毀滅的焦慮，渴望獲得「永生」（永不墜落）的神力，超越生命既定的限制。

因此，「魔法師」的人格原型所遇見的考驗、心魔是什麼呢？那就是墜落和毀滅。

當魔法師離開生命的本質及真道，想否認死亡和失去的存在，就會陷落在內心的掙扎和恐慌中，越是想緊抓不放什麼，越是經驗痛苦之火地灼燒。

卡關困境：不敢面對真實自我，想獨占鰲頭

定毅是一位大學教授。任教將近二十年的他，在學術領域上，已是一位知名教授，指導過的碩博士學生也都得到許多的成就和好名聲。除了在學術領域上的成就，定毅也活躍在社會政商名流中，備受尊崇和禮遇。

對五十二歲的定毅來說，他可以感受到此時生命的富足價值和肯定。雖然經歷了許多求學過程的辛苦，隻身在國外熬過克難的留學生生涯，也走過回國剛任教時的沒沒無名，沒幾個學生想找他指導的窘境。但如今看來，一切的代價都有了回報，人生的各種選擇，都在此刻證明了自己的決定和判斷。

眼看定毅成為系上的中生代教授，幾位年資深的教授即將退休，而新生代的年輕教授還在水深火熱的適應中，定毅心想接下來所長一職非自己莫屬，不僅如

此，或許連理學院的院長，自己也有機會選上。

但當定毅越是想獲得擢升，他的內心越是感到不安及焦慮。他的得失心讓他開始感覺到四周的人都可能成為他的競爭對手，因而變得敏感而脆弱。

當他聽到有哪一位同仁被管理階層稱讚或是關注時，內心就感到緊張，害怕自己是不是不受重視、不被肯定。

定毅沒有意識到自己的不對勁，即使指導的學生都可以感受到他最近陰陽怪氣，時而易怒不耐煩，時而又表現出關懷學生的學業及生活。這讓學生們覺得無所適從，好像定毅希望學生跟他親近點，卻又會突然對學生失控地發脾氣。

最讓學生感到莫名其妙的是，如果他們和其他教授太熱絡、談笑風生，定毅就會出現冷漠的態度，甚至說出：「好像你跟我這個指導教授的關係也沒這麼好」，或是「你是不是比較喜歡那個教授？」，嚇得學生們都相互告知，不要表現出跟別的教授太靠近，免得讓定毅不開心。

定毅其實感受不到自己的焦慮和壓力，他只是專注在「自己不能輸」這件事。從小到大，他答應自己要辦到的事、實現的願望，他都是咬緊牙關去做到。

如今，已經任教二十年的他，在方方面面都應該更上一層樓了，除了成為學術領域頂尖的人物，他應該握有更大的權力、更多的人脈，以及受到更多的尊崇。

他不允許自己失勢，在後輩急起直追的現在，他要大力地甩開他們，讓他們知道自己的成就及地位不是他們可以輕易追上的。為此，他要求指導的學生，要發表更多的期刊論文，要做出更多的研究報告、申請更多的研究案。

甚至，他不允許學生忙自己的畢業論文。他把學生集合起來分組，要他們不斷產出他所需要的文章，並投稿至各學術發表單位。若是有學生無法如期完成及配合進行，定毅就會告訴學生，他們不配作他的學生，他是不會承認有這麼無能軟弱的學生，一點兒抗壓性都沒有，還想以後在學術界闖出名堂！

定毅想贏、想證明自己出類拔萃，也想證明他能人所不能，他內心有一個害怕自己不如人的陰鬱小男孩，受到父親嚴厲的侮辱和咆哮。從小，父親就不允許他輸、他敗，若是有任何失敗，就代表他無能及是個廢物。即使，如今的他已是一位大教授了，但內心嘲笑他、羞辱他的聲音，還是沒有從他的腦海裡消除，那些聲音還是此起彼落地在他內心環繞：「你真的行嗎？你是不是假裝的啊？」

不敢面對自我的真實，想獨占鰲頭、唯我獨尊，終將帶魔法師走進黑暗地獄。就像出賣自己的靈魂給魔鬼，為了虛幻的名利和權力假象，忘了自己是誰，也忘了他從哪裡來，要往哪裡去。

做為魔法師，我們有育成的責任，要給這世界重要的教誨及引導。這是為了維護及愛護這世界的秩序和平衡，而不是為了個人的占有和利益，更不是為了證明自己永恆不墜，而使自己對權力上癮、對地位上癮、對自我上癮。

沒有從痛苦及陰影中療癒及解脫的魔法師，仍會受到內在陰影的痛苦挾持和支配，而無法領會當生命存在時，上天早已把療癒、修復、歡愉、自由、愛的能量放在這世界上。誤入歧途的魔法師，不僅將帶人進入黑暗和毀滅，自己也終將遠離靈魂的自由和完整。

自我覺察引導：這真的是我想做的選擇嗎？

確實，你已走過許多艱困的人生道路，克服許多鍛鍊自我能力的挑戰，那些面對過的風風雨雨雖已過去，但不意謂著在你的內心，那些曾經受過的羞辱、悲辛、失去和各種患難，都已成為你生命的養分；也未必已領會到，沒有這些過去，就沒有如今的你。

當你陷落在早年生命經驗中的陰影也好，或是無法放下過去成長所承受過的辛酸也罷，代表你都尚未真實地整合好這一個完整的自己。

不是你光彩亮麗，才是好，黯淡失色就是不好。也不是要受人關注尊敬才是好，無人關注或敬仰就是不好。不是你保持勝利才是好，失敗跌落就是不好。

無論什麼樣的人生體驗，都能讓我們與自己的不同面貌相遇。在這人生的一路上，我們透過遇見的人事物，與我們內心投影的世界相映，也從中與我們所有的面貌、面具相遇。

我們真正能修練及掌控的，唯有自己身上所具備的力量和能力，而不是任何外界的他人和環境。試圖要去掌控外界的人事物，會漸漸地形成我們的執念與傲慢，也會不知不覺中依賴對外界的掌控，來滿足自己內心的慾望。

這就是為什麼我們需要先完成了「流浪者」、「鬥士」及「殉道者」的功課鍛鍊，才適合接受上天的恩典，開始運用「魔法師」的能量及能力。否則這魔法師的能量可能被自己私欲利用，受自己慾望挾持，不僅無法同時將能量平等地運用於別人和這個世界，還可能因此開始操控和利用這個世界。

魔法師的內心需要真正的歷練：放下執著，並讓自己保有尊嚴及紀律。掌握自己能控制又能放下的能力，這是我們不會墮落沉淪的護心術。

若你在魔法師階段，那麼注意，你會發現這世界許多功成名就的機會都會湧向你，就像你手中拿到了「魔戒」一樣。你彷彿可以實現任何的願望，感受到前所未有的地位和力量，你可以在你的領域，清楚地辨識成功之道，感受呼風喚雨的影響力，但正因為如此，更多的名利誘惑及心性的考驗，才會湧向你。

只有面對、疏通及整合自己內心的人格陰影，我們才能真正地清晰、覺知、負責地為自己做出任何一個選擇。

在任何有可能心想事成的時刻，我們真正要向內心深處問自己的是：「這些都是我在靈魂深處所真正做的選擇嗎？我有信心把握這是正確的選擇嗎？我沒有迷失自我，也沒有遠離宇宙真道？」

魔法師真正要走的方向，是踏上完成自我的最後旅程，尋找自我內在的寶藏，回歸屬於天的家，也就是心靈的歸屬。

我們可用原型心理學來看待個人的成長轉化歷程：「孤兒」因在家受到壓迫、不受喜愛，才會離家去找尋真正的歸屬。當開始越能做自己（心安理得），也越能與我們深具緣分的人交往，經驗到親密和滿足的關係。於是，孤寂的內在英雄之旅，最終我們得到的回饋是：與自己、與他人、與自然和精神世界的融合。在旅程的終點，真實地感覺自己在「家」了。

離家，是為了「回家」。這象徵隱喻了我們一生的起點和終點——真正安住在自己的內在，活出自己這一世生命的璀璨光芒。

完成任務，通往下一關：天真者原型

在人格原型不斷螺旋運轉的轉化過程，我們會消耗生命的許多時間和氣力。雖說如此，只要抓到竅門，就自然能學會。

內在英雄的最後終點，不再是背離、分裂、僵化、恐懼，而是經歷到內在世界的豐足和安穩。

人格原型任務完成的最終歷練，是讓你體驗到真實地返璞歸真——成為自己真實的內在英雄。

此時的狀態因為心想事成，讓你再度地感受到這個世界的豐潤美好，因此，會再一次地跨入下一個循環歷程的「天真者」人格原型能量，開啟下一個新循環的再轉化、再提升歷程。

當我們進入下一個2.0版的人格原型修練歷程時，雖然課題相似，難度當然會更提升為進階版。就像是學語言，有初級、進階和專業課程，雖然都是在學同一種語言，學習時的難度、深度及廣度，絕對都會不同。這也像是我們已完成了國民教育，雖然有一般的知識和社會生存的能力和技巧，但和再向上進修的專精智能和技巧，還有人格的成熟度，絕對是有所差異的。

Chapter 3

聆聽渴望，成為真實完整的自己

當你越能在人生歷程中，認出自己的責任，
並轉化為真實的付出與修練，
就越能領受這孤寂旅程的回報——
藉由整合真實的自己，
通往與他人、與世界更親密
及滿足的關係。

透過這一生，完成你的最佳版本

經過內在英雄的六大人格原型歷練，讓我們的生命通往成熟圓滿的境界。

我們展開內在英雄之旅，是為了真實地成為自己，並使世界因此更好。

當我們越能清晰地認識自己，有勇氣做真實的自己，就越有機會活在自己適合的社群中，發揮自己的潛能及天賦，並透過社群的連結及結合，為這世界帶來改變的力量，解決這世界真實的問題。

當然，對我們而言，要開始探索自我的初階，都是充滿孤寂及懷疑的，也會有許多不安和不確定感。我們並未一開始就能感受到一種篤定，知道自己究竟為何開始探索，為何必須離開熟悉及覺得最舒適的環境，而通往的前方，是否就真的能讓我們領會到愛、尊嚴與成長。

踏上成為真實自己（自我實現）的英雄之路，不會讓我們就因此不用生活、工作、賺錢，和面對身為人必須面對的吃喝拉撒睡。生病、死亡、背棄、挫折，都是體現人類脆弱及侷限的一部分。

開啟成為自己內在英雄的意識之行，會讓我們感受到人類的脆弱及有限，並且在真實面對這世界的洪水猛獸時，從中體認到害怕、無助及惶恐。

但也因此昇華及淬鍊我們的精神層次，讓我們在認為這世界充滿危險和毒蛇猛獸的同時，不致被吞噬，反而深受啟發和滋養，成為我們鍛鍊的養分，成就最佳版本的自己。

一個人通往成熟的成長之路

如果做一個歸納，或許可以整理出一個人生命通往成熟安在的成長路線，是這樣進行的：

從很依賴關係來賴以為生開始，汲取重要他人的關愛和安撫，覺得若失去別人，自己就要活不下去，而不安、無助、慌張和焦慮。

害怕因為會失去別人，得不到關愛和給予，而必須表現得讓別人喜歡、開心、滿意。於是看著對方而活，跟著對方的舉動而反應，不停地確認對方會在自己身旁，會給予自己想要的回應。

漸漸地，發現再怎麼關注著對方，對方還是沒有給予自己想要的回應，也沒滿足自己的期待和需求，而不斷不斷地看見一個空虛又空洞的自己，開始受到空虛寂寞的折磨。不懂為什麼想要確保的愛及關係會消失，會不完美。

因為受傷、失去及期待落空，那空乏及內心飢渴的自己，變得十分巨大。像是無法長大的巨嬰小孩，擴大自己的胃口，以強烈的自我中心，表達自己的不滿及憤怒，也充滿想發洩自己滿心痛苦和悲傷的衝動。在這世界，除了自己以外，看不見別人的存在，也認定別人並不存在。

開始憤怒的奪取，或是發出捍衛之聲，要告訴這個世界：我不再允許被欺壓、被漠視。我是存在的，休想剝奪我及忽視我。於是，到處和人衝撞對抗，到處覺得這可惡的世界，必須要由自己去戰鬥、去推翻。

在一邊戰鬥一邊挫折，一邊對抗一邊訓練自己的過程，馴服自己內在的衝突。在學習如何駕馭自己情緒同時，也試著由自己來回應內心的空乏及飢渴。在一個人的孤獨中，轉化孤獨的空虛和悲傷為義無反顧地關愛及支持自己。成為自己最重要的依靠者和陪伴者，不再假他人之手，一切的裝備由內裝建起。

因為懂得滿足自己，和允許自己自在，懂得行使自己的權利和能量，並清楚知道自己的存在可以擁有的空間和位置，就能以有益處的方式照顧及滋養自己，不再放任不理那些失落的部分。讓自己和自己的關係，既堅定且充滿滋潤，生命裡有新鮮的能量和愛。

和自己和諧，以及完整地合一。相信自己的力量能夠自給自足，也就不需要去與外界交換，以防軟弱的自己依賴他人的供應。也因為自己內在能量的具足，心中安穩，不再需要不斷擴張自己，吞噬別人及世界，來補償及填滿內心巨大的空洞。這時候，有沒有被重視及滿足，已不取決於外界，也就容允自己沒那麼重要，也不需要事事以自己為中心，不必向外界釋放需求的呼喚。內心既安穩也寧靜，自己就是自己最安全的依靠者。單純地存在，接受自己的如是，一切已是安然。

在自我完整成熟轉化的歷程，我們需要經歷幾次的六大人格原型轉化循環。天道酬勤，越能在這些歷程中，認出自己的責任，並為自己的人生轉化真實付出、用功及鍛鍊的人，越能領受這孤寂旅程的回報……最終，整合及通達與自己、與他人、與世界更親密及滿足的關係，並融合進自己的精神世界，經驗到安身立命、安居樂業、安享天年的內在力量。

這六大人格原型階段的任務包括：主控情緒的克服及駕馭、卡關挑戰、完成與提升的境界，我將此整理為「人格原型生命成熟圓滿的成長之路」的示意圖（請見164頁），給大家參考。而這個圓形圖，也同時代表一次又一次的循環，關關相扣，主題相連。

因此，本章將就六種人格原型修練的功課及任務，如何正向提升、不致沉淪或陷落，提出建言和實際練習策略，讓有心也願意開啟意識的你，成為自己內在真實的英雄，也助（祝）你成為最佳版本的自己。

人格原型生命成熟圓滿的成長之路

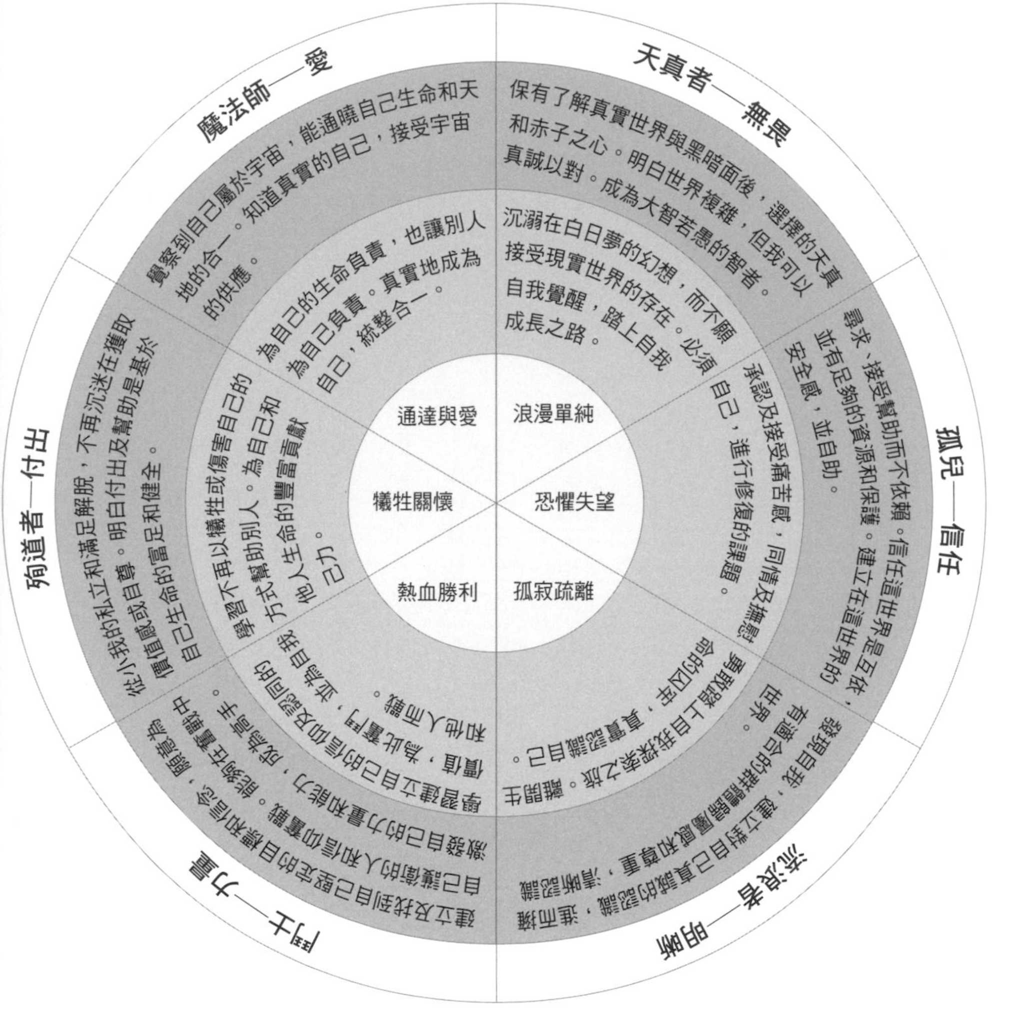

核心層：主控情緒　第二層：卡關挑戰　第三層：完成、提升

內在人格原型01

天真者（Innocent）

「向外看的人，是在夢中；向內看的人，是清醒的人。」——榮格

鍛鍊任務　真實認識及接觸這個世界。

轉化目標　在了解世界的真相後，為自己啟動成熟轉化之旅。

如何完成此階段的生命任務？

生在華人的家庭與社會中，我們大多數的人在非常幼小的年齡，就受到大人教養的影響，成為一個和自己所生活的世界分裂的自我。這個分裂的型態，是兩極的、簡化的。一方為好時，另一方則為壞；一方為善時，另一方則為惡。

我們不和孩子談述所遇到的情境，也不和孩子一起探索。大人會直接簡化判斷後，然後以是非好壞來論斷。華人社會的父母或長輩為什麼總會這樣製造孩子心靈的分裂呢？那是因為這些大人，也是這樣被灌輸及教養，幾乎沒有空間及能力，去了解世界的多元面貌和多元概念。

所以，有非常多的大人，從小就在孩子的生活情境中，製造這樣的對立和分裂。例如，當孩子跌倒時，大人作勢拍桌子或地板，然後哄孩子說：「地板壞壞，讓你跌倒了，討厭地板」，此時大人正在向孩子傳遞一個訊息：「你是好的，是外在世界不好」。

但相反地，也有大人對著跌倒的孩子說：「你怎麼這麼笨，走路也走不好，外面的人都要笑你了」，這個時候，大人所傳遞的訊息則成了：「你是不好的，外在世界是好的」。

這樣好壞對錯的分別，會被擴及到任何情境和任何對象。如果今天是孩子和學校同學有衝突了，大人就會這樣說：「欺負你的人都壞壞，你是好孩子，不要理他們」，言下之意，外在世界的人是可惡及可怕的，我們是好的人，要盡量避開他們，不要理會他們。

或是相反地，當孩子和同學有所衝突，則對著自己的孩子說：「你是不是做錯什麼，讓別人不高興不喜歡了？你怎麼這麼壞，這麼愛惹事！」

這時，你可能會陷入在「那我該怎麼回應才對？」的疑惑中。但我希望你思考的是，為什麼大人這麼對孩子說？這樣的說法反應什麼樣的世界觀、人際觀、信念給孩子？這不正是來自這些大人早已分裂的簡易二元對立觀，一面影響著大人灌輸給孩子的世界，同時隱藏著大人內心的隱憂嗎？

大人希望自己的孩子單純，不要複雜，往往這是源於大人也有未能處理複雜的內在系統。為了讓孩子不要思考、不要製造讓大人無能為力，不知如何解釋或教導的問題，通常無能引導孩子認識世界的父母會給孩子最直接的答案，而這答案無非是：「對」和「錯」、「好」和「壞」。

在這樣環境長大的人，在長年的塑造及影響下，思維不僅會偏向單一化，還會過於簡單，對於這外在生活世界和自己之間所發生的衝突及矛盾，也只好用「幼童式」的思考模式，來解釋一切。

他們會先將世界「完美化」，若生活中發生了令自己感受到失望的衝突、失落或是剝奪，為了鞏固內在系統的設定，就要將那些失望及衝突視為「壞東西」，盡可能否認及隱藏，以免破壞自己所設定的完美世界。

因此，陷在坎中的天真者，都會出現一個共同現象：他們迴避進入社會，甚至害怕社會。他們幾乎無法在社會上生存、養活自己，或是面對複雜的社會人際運作。若是他們投入社會，也會一遇到自己覺得像是毒蛇猛獸的危險，就趕緊躲起來，在驚慌失措中驚聲尖叫，不懂自己為什麼會遇到這些可怕及可惡的人。

有一類陷在「天真者」階段的人，遲遲不想成熟轉化，他們說什麼都不願意面對這世界存在的黑暗和複雜。只能懷抱白日夢，讓自己透過幻想，創造一個大腦裡的完美世界。**沉迷於追言情小說或是偶像劇的人，正是反映內心對真實社會的排斥及抗拒**。

因此，天真者若要轉化提升，就是訓練自己信任自己，也信任這個真實的世界。這世界雖然有黑暗和邪惡，但這世界也同樣有幫助和友善。我們不用因為內心的不安全感及焦慮，而過度簡化及二分法這個世界和自己的關係。

以下三個任務，代表著三個進程。透過通透三個任務的考驗和實務訓練經驗，導引你自己提升內在力量，願意往下一個人格原型移動，邁向下一段歷險及鍛鍊。

任務1 不再將自己和他人、外界，以二分法簡化

請你開始覺察及留意自己無意識中，是否常出現「二分法」的念頭？並了解二分法的思維只會使你和別人及世界的關係極端對立，也會造成你內在的自我衝突和分裂。

當你極端地認為別人是「好」人時，你常一廂情願地認定對方沒有企圖、目的、私心，而要自己全然信任他，並對他毫無保留地開放，不要隱瞞。當你視別人為「壞」人時，你也同樣固執地認定對方毫無好的面貌，是裡裡外外徹底可怕及可惡的人，而對對方全然地摒棄及排拒。**由自己內在的好壞主觀感受，來解讀外在世界的他人，不僅遠離真相，也使自己十分脆弱，不堪一擊。**

所以，你需要先意識到自己簡化的二分思考，並解構自己先用最簡單的判斷

來因應生活問題的習慣。

你要知道這世界的色彩，是由三原色的參雜及不同比例所調和而成，並不是只有黑和白兩種這麼單調的顏色。只想要看見黑白的心，是看不到這世界真實的色彩。

任務2 檢視自己「理想當然」的概念，是受什麼影響

當你在面對這世界的反應時，不要再以不多加思考的方式應對。

你越是常告訴自己：「不是本來就應該這樣嗎？」你就越會忽略這世界有真實運作的因果關係，也有各種不同元素的影響。

我時常遇到「天真者」，即使遇到了生活挫折及困難，他們也不會一開始就懂得思考更深層的原因，反而固執地詢問：「這世界不是本來就該這樣嗎？」、「我不應該多對別人好一點，不要對別人心懷惡意嗎？」、「不是我覺得事情應該怎麼處理，大家就要接受，這樣處理嗎？」、「我一直這麼相信他們、在乎他們，他們怎麼可以對我有所保留呢？」

天真者們總是很難真正的理解和願意接受：這世界不在他腦袋的設定中，也不是由他所控制的。這世界的組成和運行，是由各種大大小小、成分不同的原因及運作方法所形成的。天真者需要多加覺察及反思：究竟你想當然爾的概念和念頭，是從哪裡來的？

不論是從父母、師長、課本，還是小時候的自己想出來的，若不是源於與這世界真實接觸及交流來的經驗值，那麼，都是你從各種框架下得出的想法。當你有這樣的框架，不代表別人，另一個次文化長大的人，會與你有相同的框架。

任務3 承認真實世界中，包括黑暗和傷害

你需要學會「清楚辨識」，不要仰賴大腦裡簡化的設定，就想應付世界。所謂的辨識指的是，除非你能真正地認清這世界的複雜，以及很難簡易判斷，你才會真正地開始學習打開你的感官和知覺，去認識這個真實世界，而不是蒙蔽自己的眼、耳、觸覺及心靈。

這世界每天都有真實的傷害和破壞，包括：暴力、欺騙、詭計、敵意，只要

能勇敢地觀看及聆聽這世界發生的各種令人傷心的事件，你便會了解這世界任何光怪陸離的事都可能發生。

然而，天真者若只想耽溺在自己想像的完美世界，他們就會寧可迴避及漠視那些傷害的事件。他們強迫性地想要得到快樂和歡愉，以及刻意要表現出自己的完美和幸福，都是展現自己多麼恐懼及焦慮這世界的黑暗面。倘若，天真者無法承認傷害及失落的存在，也就難以進入自己的內心世界，開啟通往自己內在力量的通道。

強化內在力量的練習：不必壓抑情緒

天真者因為感覺到自己內心的脆弱及無助，又常定義自己是「善良公主」或「溫情王子」，因此特別恐懼傷害或失落發生。因為，只要發生任何令他們覺得可怕的事，他們會覺得自己一點兒應付和承擔的能力都沒有，根本不可能幫助得了自己。

所以，他們極度害怕衝突。若是感到生氣，他們會壓抑，常以恐懼的情緒來替代生氣；不然就是一感到生氣，就啞口無言，甚至哭了出來。這都是由於他們無法允許知覺及感受自己憤怒或失望的力量。

他們口中常喊：「World Peace（世界和平）。」他們自認是和平的維護者，但在未開發自己內在的力量，未成為自己的生命鬥士之前，他們的世界和平，只是來自他們無法應付內在衝突性高、張力高的情緒經驗。這就像是在童話故事中，安插戰爭、殺戮、貧窮、飢餓的情節一樣，讓他們難以承受。

天真者，請鍛鍊自己承認、不壓抑內在情緒感受的能力。不要因為太害怕失望及恐懼，而寧願躲在假象中，以為迴避及轉頭不看，就是最完美的世界。

你若是真實地活在這世界，你的情緒會導引你認識這世界的真相，會引領你感知，並進一步地發現事實。這不意謂你要完全視這世界為惡的化身，妖魔化世界。而是你要明白，這世界和人性一樣，都不是單一面向地存在。包括你的情緒，也不會只有希望和樂觀、快樂和幸福。

所有的情緒體驗，都是讓你真實認識自己和所生活的世界。即使是引發你痛苦的情緒，它也具有意義。

沒有真實體驗過失落和失望是什麼的人，也就對幸福和擁有的感受，能體會的層次有限。

提升自我的修練清單

□試著不再用簡易二分法看待和解讀人事物，寧可覺得自己不清楚，也不斷然判定是非對錯。

□誠實承認自己的真實感覺。即使是痛苦的情緒，也不迴避及否認。

□願意去經驗新的事物，去體察自己在信任和不信任之間的平衡。

□不再沉迷及耽溺在偶像劇的浪漫情節，了解現實世界不是這樣運作的。

□慢慢接受活在這世界，有生病、老化、死亡及背叛和分離的遭遇，這並不是懲罰，而是自然法則。

心靈提醒

以接納替代抗拒，誠實地承認你的痛苦，但也接受你還不能通透之處，仍有你想緊抓不放的執迷。無論是對美好世界的執迷，還是太想依賴被保護及供應的感覺。

唯有你先接納自己的執著，才能從接納中，與你更深處的愛連結，擁抱自己內在各種真實的情緒感受，還有痛苦存在。然後，以勇氣踏上探索內在世界的起步。這世界的真實，超過了你腦中的想像，你有多想認識真實的世界，就有多想認識真實的自己。

內在人格原型02

孤兒（Orphan）

「一個人畢生的努力，就是在整合他自童年時代起就已形成的性格。」

——榮格

鍛鍊任務　在跌倒後為自己站起來，不論自己受挫幾次，都能再為自己行動。

轉化目標　與他人、與世界建立真正信任的關係。不否認傷害的存在，也不否認幫助的存在。

如何完成此階段的生命任務？

華人社會中，存在著非常多的「孤兒」，而且可能一直耽溺在孤兒階段，遲遲無法前進。

為什麼說華人社會有許多困於孤兒原型的人存在呢？那是因為華人社會的原

生家庭，有不少遭受過貧窮及飢餓的恐慌經驗，而將大部分精力放在為生存拚搏、努力賺錢、獲取利益。以致非常多的孩子，童年時期缺乏關愛，也沒有太多愛與擁抱的情感經驗；卻又有許多的家庭包袱和壓力，導致內在存在感及價值感的匱乏和空虛。

幼年的情感及陪伴缺乏，正是自我認同不足，「自我感」脆弱無力的來源。如此情況下，很多人外表上，是隨著生理年齡成長了、成熟了，但心智年齡卻停留在缺乏被滋養及關愛的幼小狀態中，成為後來的「永恆小孩」或「巨嬰」。「永恆小孩」或「巨嬰」就像是把個體拘禁在某個凍結的時空中，反覆地尋求環境的關愛和關注。那還不夠、不滿足的空虛內心，會在人際關係中無盡地輪迴，繼續吸取、吞噬關愛及關注。

這也因此造成了許多困在孤兒原型的人，必須用反覆的上癮行為，來麻痺自己的情感痛苦，以及感到失依和被遺棄的巨大怨恨。

有些孤兒用藥癮、酒癮麻痺自己。有些孤兒用性愛或採購上癮，來吸取激情和興奮，或以極端的自我傷害，逃離自己的空虛自我。還有些孤兒以「自我」上癮，來獲取無盡的關注。像是不斷更新臉書或ＩＧ動態，任何時間都拍照上傳，以求自我的存在感，受到注目或情感回應，來填補巨大的空虛及寂寞感。

孤兒原型的人，真正最重要的任務是：為自己的生命成長，學習負起責任。不論是要修復情感失落或創傷，或是療癒及重建健全自我，都要由自己站起來，離開心靈地窖，為自己展開救援行動。

然後，願意陪伴自己真實長大，以愛成為自己最重要的依靠者、保護者。領會安全感的建立不在於外境的別人或環境，而是要從內在，往自己的生命認同、尊重自己及接納自己修練。為自己建造安穩的內心安全感，走過無助驚慌、悲痛憂傷的遭遇，長出慈愛與支持自我的力量。

真正的長大，是靈魂的完整，而不是分裂為兩個我：一個嚴厲批評、強勢指責，另一個弱小恐懼、無助哭泣。

真正的長大，是內在的整合，知道與確認自己有能力照顧自己，並且能穩定地保持這個對自己的承諾。不會忽有忽無，忽能又忽不能。不會複製過去不佳的照顧經驗在自己與他人身上。

真正的長大是深知生命的重量，即使會畏懼，仍能懷抱希望與勇氣去面對。

你若沒有能力給予內在最大的安全保障，也無法給予自己生命最穩定的安全堡壘，你是無法成為完整的成熟個體的。你仍會讓自己反覆受傷、受挫，反覆讓自己經歷到外在的遺棄與拒絕，卻遲遲不願意好好保護與照顧自己。你仍想躲在洞裡，即使暗不見天日，也不想靠自己的力量，向外在的世界拓展一步，好證明你的存在，展現你成熟的靈魂。這樣的你，是無法真正長大的。

以下獻給孤兒原型的你，在經歷原型階段的三個層次的任務：

任務1 停止用上癮行為麻痺及疏離自己

在孤兒原型階段的個體，因為遭受許多的重創、失落、遺棄或背叛，因此有很深的怨念和仇恨，是來自巨大的憤怒及被糟蹋感。這些造成自尊受損及感到生命卑微的經驗，讓孤兒階段的人，無法面對及承認羞恥感和自我厭惡感。

因此，具有孤兒能量的你，若要進階、提升自我，需要先覺察自己的抗拒及防禦行為，是否有用任何上癮行為來迴避痛苦、麻痺自我，以求解脫？

你需要有意識及有計畫地減量，然後達成自控，真正地結束以任何上癮方式來否認自己的創傷和痛苦經歷。

就因為你封鎖自己真實的感覺，想以壓抑和否認處理，才會因此更把孤兒能量養大，擴展增生為內心強大的怨恨和不甘心。使你更害怕面對自己，也更迴避靠近自己的傷痛，否定內在真實自我的存在。

任務2 真實體認生命的原傷，不抗拒面對遭遇

修復及重建健全的自我，也就是創傷療癒，需要重新回看創傷中的真實經驗，也就是將自己從「創傷的時空」中解救出來。

創傷的發生都是突然的，超過個體可以理解及承受的，因此造成個體的自我瓦解或信念崩潰，再加上驚嚇和無助，大腦身心都會產生後續效應，不斷地提醒個體「創傷還在進行」，試圖告訴個體「你還未安全、你還沒度過」來因應壓力和危機。

這當然是大腦及身心的誤判。事實上，個體的創傷已經過去，但因為個體在

當下的震驚及茫然，以致個體未能充分體認自己已經歷完成，一切都已結束和過去，所以個體會出現創傷後壓力症候群，也會不斷將創傷畫面重播和上演。

要從痛苦中真實走過，就是好好地、如實地完成這過程的感受情緒經歷。知覺到自己的感覺，接觸到自己的真實情緒，即使萬分痛苦和艱難，也要設法承認及知曉，自己究竟遭遇了什麼，又造成自己內在系統什麼樣的反應。

唯有不抗拒面對自己的生命遭遇，不再企圖轉移及防禦，我們才能「走過」，真正地讓過去成為生命的一段歷史。

任務3 接受這世界的療癒，願意面對自己的課題

這世界雖然有傷害，也有背叛和失落，但這世界，只要你願意信任，仍然有足夠的支援和幫助，在人想要為自己療傷止痛、療癒生命時，陪伴及指引。

問題在於，孤兒能量的人，因為受傷非常重，以致他們可能為了防止再受傷，寧可緊閉心門，充滿敵意地看待外界，以防禦再經歷不當的對待及傷害。

這正是孤兒原型階段的坎，其困窘和矛盾之處，若沒有接受足夠的幫助及修

復滋養，孤兒要如何復健及康復？又要如何重生，恢復生命的活力？但若是要接受，孤兒要如何能辨識，進而信任及願意合作？

這是孤兒務必要面對及修練的任務：深刻明白傷害和失落的存在，同時也接受及信任世界，真的有能幫助自己的力量，使自己真實茁壯，有力行走，踏出自我防禦的封閉保護殼中，為了尋找自我、成為自己，勇敢地往更大的世界走去。

強化內在力量的練習：轉化受害者情結

孤兒最需要克服及轉化自己的無力感和受害感。

孤兒原型的人，因為內在心靈把自己看為卑微、虛弱、弱小，再加上過往生命遭遇所制約的無助感、無力感，使孤兒們很難相信他們可以改變什麼。不論他們遭遇什麼，都只能任其傷害、侵犯、欺負、占便宜……他們除了受害，什麼辦法都使不出。

若又因在華人文化下，不斷被奴化、工具化，或被命令必須順服，那麼孤兒們就會當真以為自己只能認命，隨他人任意對待及支配。他們連一點兒內心憤怒的聲音都不敢發出，他們找不到為自己護衛的情緒能量，以為只要忍耐和壓抑，一切很快就會過去。於是，他們弱化自己的力量，及壓抑自己的憤怒，使自己動彈不得，也造成身心巨大的疼痛和受苦。

困在孤兒能量的個體，幾乎都有胃部疾病的問題，同時消化系統、呼吸系統都會受到情緒壓力而出現問題。

在莫名焦慮不安、恐慌（極度脆弱到像要沒命）等精神壓力下，器官也時常莫名發炎、功能失調。過度承擔自己生命壓力及問題的孤兒，也可能有罹患憂鬱症的病況。

在這樣巨大的壓抑下，孤兒除了對於外界的友善及支持毫無信任感外，對於自己內在力量更是完全毫無認識與自信。無法擺脫「孤」立無援，就無法與外界產生良善的連結，進而對於自己的內心也保持了隔絕和孤僻。

如果這時候，孤兒願意鬆動自己內心無助、受迫的恐懼，給自己一個靜觀自己感受的機會，直面去看見這些恐懼，有多少是當下的事實？又有多少是過去扭曲的記憶？甚至有多少是自己慣性的想像？

當孤兒學會清楚分辨自己所恐懼的真相後，慢慢可以學著讓自己當下的焦慮歸於平靜。練習信任自己，進而開放適當的彈性去相信，這個曾經讓自己遍體鱗傷的世界，仍有些良善值得自己去連結，允許自己試著嘗試、探索及學習。

提升自我的修練清單

- □辨識過去與現在的不同，減少自動化解讀與反應的無意識投射。
- □提醒自己記憶可能被扭曲，真相或許不是自己所想像的那樣。
- □鬆動自己慣性的無能為力及脆弱反應，重新架構自己生命的腳本。
- □承認並接納自己的情緒感受，建立自我安撫的能力，明白自己的安全感必須從內在建立。
- □學習與外界連結的彈性，維護個體界線，分化自己與他人的責任歸屬。

心靈提醒

真正的長大是，你的內在就是最穩固及愛的中心。你不需要再把自己推向任何人，要他人將你視為孩子般呵護，來滿足你那對愛及照顧的心靈渴求。

你會知道，他人都是生命中的一份支持或陪伴，但絕無法成為你內在最實在與最穩定的安全力量。當我們學會透過自己的成長，取得和外界友善的關係，外界也更能回應我們需要協助及支持的時刻。外界的支持，來自我們先學會尊重及允許自己的存在。不再任意地貶抑及忽視自己，才不會過度地期待外界的給予，讓你又再度失落、痛苦。

內在人格原型03

流浪者（Wanderer）

「如果我們不能擁抱我們自身的孤獨，我們就只是利用他人做為對抗孤立的一面擋箭牌而已。」——歐文．亞隆

鍛鍊任務 學會一個人的孤獨安在，透過自己探索及歷險，真正地認識自己。

轉化目標 接受生而為人的孤獨，從中累積自己真實與這世界互動的知能和經驗。

如何完成此階段的生命任務？

華人社會重視群體相依存，從家族及環境訊息中，總是傳遞出你要成為家族的付出者，為家族的興盛負起原生責任。既為某家人，死做某家鬼。若你沒有依存在家族的庇佑或供應下，你什麼都不是，一點兒都沒有個體的存在價值，同

時，會被家族視為廢物。

在這種情況下，無論性別是男是女，都無法真正地啟動「流浪者」能量。千年的中華文化和儒家思想的影響，演變到如今，父母長輩仍然抱持傳統「父母在，不遠遊」的家訓或命令。盼望孩子一生為家族、長輩而生、而活，為服侍他們作為這一生的榮辱。

特別是女性，若是結婚嫁人了，就繼續沒有個體性地為夫家的家族及長輩盡心盡力，以繼續延續和家族的共依存。

若是沒有嫁人、單身，那就理所當然地被視為原生家庭的照顧者、付出者。彷彿沒有家族可以付出，女性沒有存在的價值。

因此，許多需要面對「流浪者」階段鍛鍊的華人，無意識地迴避掉這個階段。反而受「殉道者」、「魔法師」及「鬥士」的能量吸引，跳過了「流浪者」此認識自我、學會一個人活在這世界生存的鍛鍊。

因為長期為家庭而生、而活的價值信念，華人不被允許去探索自我「為何而存在？」這樣的哲學問題。也因為從小被大量的人際情感牽絆，不論是父母他們的，或是環境其他人的，一個從小沒有被建立自尊及自我期許的孩子，只能依憑著父母、大人的期許和評價過日子，試著討他們喜歡和開心，來回應自己活著的價值。但其實不知道如何處理孤單及寂寞，遇到只有自己一個人的處境，還會產生一種茫然及焦慮，感覺到自己不被需要、不受關注的落寞感。

榮格曾經說：「一個人的成熟度，取決於他對孤獨的承受力。」也就是，一個人多能與自己的孤獨安在，他的內在力量，就能為自己創造多少的成熟（獨立因應存在的命定）。

而當一個人，在漫長的歲月中，都不曾體驗自己獨立的生活、未曾離開家、離開父母、離開需要付出的對象，未曾與自己單獨地生活，那他就很難真正地跨入「流浪者」的人格原型鍛鍊，為自己探索及繪製「如何認識真實自己」的心靈地圖。

他始終習慣別人告訴他目標及方向，總是習慣符合及順從，讓自己不會被人際關係拋棄或割捨，誤以為這樣自己就是有人喜愛，不會經歷自己害怕的孤單和寂寞。

因此，已經開啟「流浪者」能量的修練者，如果持續迴避和否認面對流浪者的功課，他不僅錯過機會進入內心深處，與自己面對面，試著認識這一個他其實一直都很陌生的自己，更會不斷地累積他的孤單感及寂寞感。

因為會開啟「流浪者」能量的個體，在原來的人際生活圈或情感關係中早已空洞，沒有實質的親密和信任。卻因為自己的恐懼，而長時間否認眼前的事實，為了不要面臨自己害怕的分離和孤獨。

剛面臨孤獨的時候，那強烈與人際隔離的寂寞感，會令人陷入一種寂茫，彷彿天地一沙鷗，蒼茫遺世獨立。但是，這個階段的生命，因為無可迴避，反而能清晰地看見自己的空無，連呼吸聲音都清晰可聞的寂靜。

在如此需要潛心認識這一個完整自己的階段，要認清的包括：自己的過去、自己現在所遭遇過的、選擇過的、錯過的、迷失過的一切……希望自己徹底地清晰明白，就需要面對三個進程的任務：

任務1 意識及承認哪些人、關係、機構，長期忽視、傷害你

別再試圖逃避及否認在關係中、單位中、機構中，哪些人長期地剝削你、漠視你、犧牲你及貶抑你。他們究竟對你做了什麼傷害？而你如何地默許這些傷害的發生？

曾經，為了你的生存（孤兒原型的恐懼議題），為了鞏固你的依附，你選擇被同化、限制、囚禁，扮演了你被設定好的角色，卻從來沒有知覺過「自己」的存在。

因此，在流浪者的第一個任務裡，你要「清醒」，帶著清醒的腦及眼光，意識及承認在你身上所發生的事。但這不是為了怪罪或指責，否則又會跌回孤兒原型的「無力感和受害感」。

你真正要領悟的是，你不認識自己，你從來沒有具體地擁有過自己，你連自己是誰、從哪裡來及要往哪裡去，什麼都無知。你只是依附、賴活、假裝、扮演，卻從來不是用你整個人的身心靈，完整地投入和存在於生命。

所以，你遭受了外境前所未有的拒絕，只好獨存於世。

就像是嬰兒出了母親的子宮一樣，必須靠自己呼吸的疼痛和費力，你必須為自己的存在，負起全然的責任，讓自我真實地誕生。

任務2 為了認識自己，做真正的自己，勇敢地出發及探險

離開，不意謂人生結束，那往往是另一段旅程的開始。

你願意以多清明的心和勇敢的態度，來激勵你自己走進你的新旅程，而不是困在躊躇不前、不知所措中，你就會多快建構你的新生活形態。

有些流浪者，因為瞬間倒退回「孤兒」原型的被遺棄感，深陷在憤怒及怨恨中，遲遲無法撫平或調節，因此膠著在起點，無法踏進「流浪者」的修練。他們心中拒絕經驗自己一個人，因此抗拒、憤怒，然而，實際情況下他們已然是一個成人。

他們成天躺臥在床上流淚，回想過往自己的日子，不懂為什麼那些人要背叛自己，遺棄自己，傷害自己。

尚未能為自己的生命負責的流浪者，無法順利地經驗流浪者能量的鍛鍊。

若你是流浪者，即使你現在失去歸屬、身分、依附，或是頭銜，都請試著接受這一份失落。若是可以，用你的方式哀悼，也就是完成你的告別。

然後，把自己當成新誕生在這世界的人，你是陪伴自己的旅伴，陪自己重新感受每一天、每一刻。即使只是呼吸，也重新體驗「呼」、「吸」對自己是什麼感覺，「走路」對自己是什麼感覺，「吃東西」對自己是什麼感覺，「到陌生的地方」對自己是什麼感覺。

好好地感覺。就像是一個新生兒來到這個世界。這個世界充滿未知，卻也同時充滿新奇。啟動你的好奇、興趣還有投入，試著每一天都嘗試做一件你沒做過的事，並從中發現及認識你自己。

任務3 體驗一個人的存在，深入了解自己內在和外界的運作

真實地與自己安在，是對自己全然地知曉及接納。不批判和責備，才能有機會走入自己的更深處。

為什麼有很多人要探索自己時，老是卡關，因為他總是右手拿大刀、左手拿

大槍，然後看著自己，以厭惡和仇恨對自己說：「讓我好好瞧瞧你究竟是怎麼回事！」這根本像是來尋仇的，又像是來算帳的。你的心門為了不要讓你入內踐踏摧殘，當然是警鈴大作，防禦機關趕快啟動，哪還有機會讓你往內探索，更深層地了解自己的各種系統和機制。於是，你連記憶都喚不出，只有一種對自己的疏離感和抽離感。

請放下你的大刀大槍，對自己開誠布公，像是要和自己建交，做和好的邀請，真誠地邀請你的內在允許你的認識及探索。

雖然這一個任務，要靠你自己進行、記錄、體悟，但這世界其實資源不缺，你可以參考一些別人的作法，那些「找回自己」、「探索自己」的經驗，又或是靜心地陪自己冥想、閱讀、觀察世界，都能讓你的內在知覺及感受充實起來。

當你完成此任務的時候，你不會再是空虛的、虛假的、徬徨的，你內在有充分對自己的認同和了解，你知道你是誰，你的特質和價值系統是什麼，你知道過去的你怎麼回事，你知道現在的你正在進行什麼。只要你對自己、對世界不再感到迷惘，而是越來越清晰、了然於心，就代表你流浪者的修練即將進入尾聲。

強化內在力量的練習：在獨處中面對真實的自己

很特別且有趣的，「流浪者」是六個人格原型之中，最會去搜尋認識自己的方法及資訊的人，同時是最會大量閱讀、參加各種課程、安排一個人旅行的一段時間。

魔法師也可能會這麼做，但他們這麼做是為了更提升能力和統整精神能量，更是為了協助普羅大眾、社群。

只有流浪者，是為了「自己」而這麼做。

當一個人周圍的關係、歸屬及依附都消失了，無論他想掙扎多久，終究願意承認而做出離開或結束關係的決定時，他就正式啟動流浪者的能量，進入流浪者的修練歷程。

這個離開長久關係、終結慣性依存的情境，會讓個體進入前所未有的孤寂中。一開始肯定很慌張、焦慮、不安，甚至會冒出「我好失敗」、「我沒人要」、「我好糟，這世界沒有我存在的位置」等否定自己的語言。

因此，流浪者的自我提升中，要試著駕馭自己內在的不同特質及力量。

無論是感性（情緒感受）或是理性（思考辨識），都是你運作的系統之一。對自己的系統無法覺察，也就無法辨識長久被制約及塑造的模式，如何自動化地運作，乃至自己只有被支配的份，或是慘遭滅頂的份。

在寂靜之中，正是練習安穩自己的時刻，不至於受孤寂感逼迫而產生焦慮，反而能在獨處中面對赤裸的自己，從容貼近內在的自己。

因為這時候，所有的雜音都在身外，一個人孤立於生命中，了悟到無可迴避的即是自己。

若自己都無法面對自己，又如何陪伴與支持自己勇闖人生呢？

當自己擁有這樣一個全然檢視自己的階段，最重要的功課便是真實認識自己。無論是自己的過去，還是當下自己成形的樣貌，真實地看見、接納，讓這段探索自我的流浪旅程，能夠完整地連結自己的內在，找到自己承接自己的力量。

提升自我的修練清單

□體驗及覺察自己孤單、孤立、孤獨的感受，並能分辨這些感受的體驗和差異。

□開啟自己的閱讀力，不論閱讀自己、閱讀別人，還是閱讀這個更廣大的世界。

□不再做井底之蛙最好的方式，就是勇敢地踏向自己從未到過的地方。

□練習與自己對話，陪自己靜心，包括：正念、靜坐、冥想、呼吸、內觀，都是與自己安在當下的練習。

□對內在探索下功夫。無論是書寫、認識身體及心理結構和功能、繪畫、創作，只要能往內探索自己的精神層面和了解內在運作系統，都是好的鍛鍊。

心靈提醒

其實，我們何嘗不是這世界的旅人呢？我們孤身來到這世界，也將孤身離開這世界。我們並未能真的永恆擁有什麼，也無法始終依賴、依附什麼來存活。誕生時的弱小，對生存的恐懼和無力誤導了我們，以為離開關係、失去依附，我們必然存活不了。

如果，我們能放下執著，學習感激和祝福，任何的分離和放手，都有愛的形式和意義。沒有放手和離開的人生，其實更像囚牢，拘禁了彼此，也拘禁了靈魂。流浪者的能量，可以讓我們真正地從原有的框架和束縛中解放，為自己尋回生命原本的自由和自在，安然做自己。

內在人格原型04

鬥士（Warrior）

「成功＝艱苦勞動＋正確方法＋少說空話。」——愛因斯坦

鍛鍊任務　體認自己的力量所在，踏實地行動及建設。

轉化目標　結合溫柔和自身的力量，為自己和所愛的人建立更好的世界。

如何完成此階段的生命任務？

華人社會的男性和女性，在面對「鬥士」能量的鍛鍊時，會經驗完全不同的體驗和歷程。男性，普遍從小就被期望要能當鬥士、當英雄，卻沒適當及足夠的引導和教練，連典範也少。

女性則是被壓抑及剝奪鬥士的能量，被要求全然地順服，以「溫柔婉約」、「男尊女卑」來制約女性的內在力量。

男鬥士和女鬥士，對於這個世界一樣重要、一樣深具價值。但在性別教育十分偏頗及充滿標籤和評論的制約下，很多華人女性從小到大，都必須壓抑鬥士能量，甚至視鬥士能量為罪惡的表現。

但是，鬥士的能量展現，並非是攻擊和奪取，而是由自身能量擴及到與人際力量的連結。鬥士能量可以是組織性、領導性，更可以是合作性與穩定性的。真正鬥士力量的展現，或如老子所說：「上善若水，水善利萬物而不爭，處眾人之所惡，故幾於道。」

鬥士的能量是像水潤於萬物卻不爭利，看似柔弱卻能涵容一切。即使處於眾人所不願承擔的位置，也能無懼而堅定自己的正道。無論是男鬥士或女鬥士，都可以學習解構性別的框架，開展自己的柔韌與強壯，讓自己的能量剛柔並濟，安穩且平靜，與世界的連結才能具有貢獻，而非掠奪及破壞。

處於鬥士階段的人，為了更有力量地行走在世界，他需要更完備的技能、知識、經驗累積，才能掌握自己的力量。無論是生理上、心理上，或是精神層面的力量。因此，鬥士需要練就自控、自律，及自我導引的效能。

若沒有把自己視為一個需要訓練的「戰士」，那麼鬥士幾乎是知識不足、剛愎自用、好逸惡勞，以及自我膨脹。結果導致自己一事無成，轉而憤世嫉俗，成為世界及別人的施虐者及破壞者。

要成為能成功及提升能力的鬥士，以下為三個進程的任務：

任務1 確認你的目標，和達到成功所需的具體規劃

鬥士這個階段的鍛鍊，完成功課的秘訣在於：務實及規律進行。成為鬥士，就是讓生命能展現出力量和智慧。而這兩者的訓練，需要個體充分學會自我評估，了解自己的實力和能力在何層級。

如果在初階，就需要練好馬步，訓練好基本功。若是已有幾成功夫，要將自我訓練更加提升，就需要求教別人或專家。

通常在鬥士這個階段，人們會開始意識到要有效率地運用自己的時間、體

能、專長或是天賦。為了讓自己的身體和心理素質都更強健，人們會進行規律地運動、健身或是自我保健計畫。

這時期的鬥士很清楚明白，沒有自己這個身體做為實現夢想、使命的後盾，所有的夢想、使命都只是一場空。這正是鬥士階段教會我們的事：務實及如何有效地運用自己。

因此，鬥士階段忌諱幻想，不能將自己的理想以天真的心態面對，而沒有流汗流血的準備。鬥士要明白，所有的夢想要實現，必須要經歷許多的艱難和競爭，若不是必須經過千辛萬苦，夢想又如何會稱之為「夢想」？所以請以務實的態度面對，為所要實現的使命設立可行的規劃。規劃和步驟越具體，越能執行，成功達成目標，就指日可待，給予鬥士最甜美的自信回饋和報償。

任務2 為了自己及所愛，建立必要的界限，捍衛理念和權益

鬥士階段是要我們成為能上場的勇士和戰士，因此我們不能再如過往一樣，遇到問題及困難就想逃避，總是幻想著由誰來拯救或負責。

當我們沒有修練過鬥士原型，而帶有天真者、孤兒，或是流浪者的能量時，由於這些能量的黑暗面都帶有恐懼、無助及脆弱，因此，往往很難真的領悟：保護自己的力量，要由自己內在生出。進入鬥士的功課，便是要你明白，靠山山倒，靠人人跑，唯有自己成為可依靠的對象，你才會真正有實力，並因此強大。

對依靠自己能深具信心，需要來自對於自己內在力量的認識與信任，能夠掌握能量的施放與方向，而不是來自抗拒失落或失敗而產出的控制欲。對於自己所應承擔的不逃避、推諉，但也不會落入他人的心理遊戲當中，成為無法釐清責任界限的莽夫。

一個優良的戰士是會為了自己的信念而奮鬥的，鬥士的任務也在於認清、堅持自己的中心思想及所要捍衛的信念，不會隨波逐流，也不被過去經驗所限制，能夠真正開展自己生命嶄新的能量。

在戰鬥的過程中，也要學習面對過程中的挫折與困難，甚至慣常的惰性和自動化恐懼。能夠認清自己的能力範圍，願意承認自己的限制，但不屈服於限制之中，而為他人左右。練習在提升能力的過程中，尊重自己的原貌，不苛待自己、逼迫自己，而是用更具有彈性、自控力和自我管理的方式，追求自己想要完成的目標，捍衛自己所相信的理念。

任務3 懂得自己的力量需要和內在的溫柔結合，為使命熱血奮鬥

去做自己真正喜歡做的工作，讓工作融入自己的智慧和技能，使工作的成果更卓越及精進，並造福社會和世界。那麼，我們會因為工作（事業）而獲得自我實現及成就感，並且因此不匱乏，有足夠的報償維護好的生活品質。

反之，如果鬥士的能量用來滿足己利及慾望，那麼我們就可能被鬥士的黑暗面支配和控制，成為暴君或是剝削者，使用暴力及獨斷，掠奪世界的資源，破壞這世界的平衡和資源。

優良戰士的戰鬥目標是提升自己和所愛之人（甚至是大眾）的幸福感，期待自己的生命價值對於自己與他人具有正面的意義。戰鬥如果不是基於愛，就會造成剝奪和控制，而當心中對愛的信仰與自己內在能量結合，這時的鬥士激發出的熱血沸騰的能量，將使自己具有足夠的熱情，達成該生命階段的最大化貢獻。

如果這樣巨大的力量，被內心的黑暗所掌握，無法建立在同理他人，也無法溫柔善待自己的基礎上，這樣的鬥士將會誤以為殘暴是一種力量的展現，也會為實現自己的意志而犧牲他人，最終自己與身邊的人，都將被黑暗所吞噬。

在優良鬥士的鎧甲之內，必定有一副血肉之軀，懂得痛與傷的脆弱感受。從這「懂得」之中，孕育出溫柔與堅毅，理解自己想要創造的幸福信仰，是來自於對世界、對人類及萬物生命的愛。

強化內在力量的練習：思考你會為何種價值而努力

被黑暗面支配的鬥士，無法發展出面對環境挑戰的堅韌力量及內在智慧，反倒會淪為競爭下的鬥爭者。他會拚命找假想敵，以為只要鬥垮假想敵，自己就能「勝出」，而受到肯定及青睞。殊不知這是自己眼光的短淺及狹隘，最終淪為鬥爭下的犧牲品，或是墮入鬱鬱寡歡的競爭焦慮中。

失去正直及溫柔的心的鬥士，是無法真正為社會及世界帶來改革及改變的力量，他會受自己慾望的驅使，只圖自己個體的獲利，滿足自我中心的自以為是。

所以，在提升自我的鬥士原型能量時，請試著思考：你生命想要實現的是什麼？你會為什麼樣的價值理念努力，投入自己的生命？如果你看見一個成功的自己，那會是什麼模樣？在進行什麼樣的工作或使命？

如果你已具有掌握效率及成功的能力，請進一步思考：如何使你的力量和能力，改善這世界（社會）出現的重大問題？實際評估你的能力和資源，運用你的影響力，什麼是你幫得忙的？什麼是你有能力協助解決的？

讓人尊敬的鬥士，是不會用暴力輕易傷害他人，反倒會為了維護生命，細心及溫柔地善待他人。這樣的鬥士，也會善待自己，知道自己的生命也一樣可貴及值得維護。為了自己和所愛的人，他們願意更多的思考及想出有益的解決方法。

因此，走在鬥士階段的你，要做的就是鍛鍊、鍛鍊、再鍛鍊。規律地鍛鍊、持續鍛鍊、穩紮穩打地鍛鍊，增進自己的經驗值，累積各種問題解決及克服挑戰的方法。不論你今天身處什麼樣的地理環境作戰，為了自己的存活及任務成功，你要接受各式各樣的訓練和教育，並貫徹在你的戰場上。

提升自我的修練清單

□列出你所恐懼的人事物，特別是你慣性想逃避及不想負責的那些事物。列出後，告訴自己，這將是你的訓練項目，你要學習去挑戰及面對。

□現階段，你可以多練習益智遊戲及鍛鍊體力，或有計畫地使自己恢復身體健康，以及保有最佳狀態，這也是鬥士的訓練作業之一。

□學會自我肯定及自我鼓勵，來協助自己調節挫折的過程。挫折是必要的養分，告訴我們哪裡還行不通，管理挫折，是鬥士需學會的自我管理。

□探知自己的慾望。慾望是動力來源，但受自己的慾望支配，則會使我們淪為慾望的奴隸。請承認自己的慾望和渴求，同時管理它們，以智慧和仁慈心整合、馴服它們，不讓它們失控。

□鬥士的力量，來自膽量和勇氣，但不是衝動和莽撞。沒有成熟做為內在素質的鬥士，只會受到面子和不認輸驅使，而不是真正的強者。真正的強者必是溫柔的，能整合脆弱和慈悲的力量，真正地成為大無畏者。

心靈提醒

身處鬥士階段的人，會時常遇到衝突場面，就像是生存在戰場上。請練習不以輸贏和勝敗來打擊他人，或挫敗自己，而是開始運用及練習創造共好的溝通，達成互惠。但不是妥協或鄉愿，越沒有原則及所堅持的理念，個體越會被吞噬及操縱。

你要做的，就是好好為自己發聲，也讓別人為他們自己發聲，然後找出共識及可以合作的目標。只因短暫利益而交換資源的人，必然無法建立友好的關係，因此，在和人互動時，懂得同理心、關懷、正直及尊重，才可能結合更大的力量，創造真正共好的團隊。

內在人格原型05

殉道者（Martyr）

「不成熟的愛是，因為我需要你，所以我愛你；成熟的愛是，因為我愛你，所以我需要你。」——埃里希．佛洛姆

鍛鍊任務 不以拯救者姿態，換取自我空虛的價值感。

轉化目標 成為懂得照顧自己和別人的關懷者，明白能付出即是回報。

如何完成此階段的生命任務？

華人社會有非常多偽殉道者，沒有真正助人的能力和智慧，只因為從小家庭和社會文化的道德塑造，以及界限混淆的家庭問題，導致很多人從很小開始，就被要求，或自己無意識地成為「殉道者」，為家人犧牲、為別人付出。

誰越是製造問題者，偽殉道者就越不可自拔地一定要拯救對方，頗有「我不入地獄，誰入地獄」的那種捨我其誰的氣魄。

然而，因為是假的殉道者，因此，別人的問題通常不會因為他們的犧牲或介入，而得到改善及解決，反而造成無盡的問題循環。

「殉道者」若沒有「孤兒」的信任世界、「流浪者」的自我認識、「鬥士」的力量、能力的鍛鍊，而從「天真者」或「孤兒」的階段逃開，以「殉道者」形象來自我偽裝，假裝自己擁有「殉道者」的能量及能力，必會招來許多世間的孤魂野鬼心靈，紛紛向他伸出要逃離痛苦地獄的手，然後占據他、吞噬他、淹沒他，直到他的氣息殆盡。

修行不足的殉道者，通常是被「拯救者」的形象吸引，以為這樣就可以高人一等，或成為優越之人。誤認為只要成為「助人者」，自己就會成為「強者」，從此不再被人看低，從此不再被視為弱勢。

華人社會的愛面子及重視地位，都使許多人假借「殉道者」的人格樣貌出現在群體和家庭中，以此鞏固自己薄弱的自尊、價值感和重要感。

偵測對方是偽殉道者或真殉道者最好的方法就是，告訴這個個體：「你所生活的世界、環境，大家都過得很好，都擁有他們想要的生活了，你不需要再付出、再犧牲、再辛苦了。」偽殉道者會質疑，並拒絕接受，他們會說出許多人的問題，及他們沒有能力獲得正確的生活。言下之意，沒有他的存在是不行的，沒有他的付出及督導，那些他所關心的人都會人生出問題。而真殉道者，會為人們能照顧好自己和選擇正確的人生，而喜悅及感動，這正是他付出的初衷，希望人們都能活得更有意義及品質。

偽殉道者會一直製造出所想照顧及關懷的人的生活問題，以此來告訴那些受助者：「沒有我存在，你怎麼行？還好有我。」

真殉道者，會知道自己能力有限，雖然關懷且具有心意，但也明白每一個人的人生課題，都需要由他自己負起最大責任，並且同時需要許多助力的聚合。不會因為他一個人，就可以拯救另一個人，或拯救全世界。

所以，進入到殉道者原型階段的修練者，必須認知清楚自己的能力和有限，就不會過度自我膨脹或不自量力，沒有節制及界限地付出自己的體力、時間、金錢、資源。

如果一個殉道者，沒有同時歷練自己的關懷界限及學會守護好自己的能量，他就會被盲目的熱心或愛心反撲，成為吞噬自己生命能量的傷害來源。

殉道者原型的修練階段，要我們領悟「施比受更為有福」的深意。而之所以付出會比接受更為有福，是因為我們能夠從付出的同時，更多地體認到自己的擁有和力量，也透過有意義的付出，使我們的精神世界更豐足，生命也更加成長。

倘若，只是空有殉道者的表面，卻無法從助人中累積實質的智慧和能力，那麼，不僅造成生命責任的混淆，也恐造成他人的依賴和侵占。

在完成殉道者的修練之路上，有三個進程的任務需要通透、學習：

任務1　覺察自己付出的意義

殉道者首要學習的是，為自己的付出負責，而不是將自己的過度付出，歸咎於其他人的濫用或予取予求。你需要了解，若沒有你的同意和給出，那些人是沒有權力要求你及損害你的。

如果，一個殉道者不學習正確思考，及正確地辨識情境，以抉擇出適當的幫助或付出是什麼，卻在自己力有未逮或是感覺承受不了時，怪罪別人，那就是讓自己從拯救者陷入受害者的情境，沒有為自己的付出負起責任。

心軟，或不懂拒絕，都不能成為不用為自己的付出負起責任的理由。在訴諸於心軟或不懂拒絕的藉口時，其實也意謂著自己不想思考、不想為自己的選擇做出負責任的態度。

殉道者如果誤認自己為救世主，無疑是在誇大自己的影響力，也在弱化他人的能力。無法清楚覺察自己付出的潛意識的設定，就無法釐清自己付出的真偽，徒然讓自己的能量耗竭在無意義的犧牲中。

殉道者必須真實覺察自己付出的意義，分清楚想像與真實的差異，而不是陷落在自以為「崇高價值」與「救苦救難」的完美形象中，藉以滿足自己虛幻的價值感。當自以為不凡及偉大，而必須鞏固這樣的形象時，殉道者可能迷失在自我欺騙中，而不停地需要找尋受助者來接受自己的拯救或幫助，以此滿足虛假的自我面貌。所以，請為自己的付出負責，並思考有益處的助人行為究竟是什麼，你的付出要真實為這世界帶來改善的力量，而不是導致問題及危害的發生。

任務2

有界限地為這世界付出

活在這個世界，我們的財富並不只是單指「金錢」，還有我們無形的能量，像是體力、心力、精神力量，還有資源和時間，也都是我們的財富。

就像管理我們的金錢財富一樣，我們也需要善加管理自己的無形財富。這些財富都是確保我們能夠因應生活，及承擔自己的生命責任。善加管理好生命的能量和資源，不造成這世界的問題及困擾，也是我們為這世界付出的一份心力。

當每個人都能善加管理好自己，以及具有的能量及資源時，這世界的問題會減少很多。可惜，活在這世界的人類，要嘛就濫用資源、揮霍浪費，要嘛就剝奪、剝削更多的資源。

當你在修練「殉道者」的能量時，你可能是一位助人者、行善者、教育者或是正在育兒或照顧家人的個體。你需要練就保護自己的能量，不過度消耗及揮霍，也不陷入強迫性地付出，以致自己失衡，或是累倒、病倒。

「界限課題」是殉道者修練的必要功課。無法建立界限，就無法為自己維護好的空間和時間，無法修復及照顧好自己的身心能量，也就等於無盡地被消耗。如果你有所體認，你會知道已然耗竭的你，再也給不出任何好的能量、好的照顧及好的幫助。耗損不堪的你，等於把你自己和需要關懷的對象，一起帶到懸崖邊緣，一失足，可能就一起粉身碎骨，墜入谷底。

不要用犧牲來交換自己需要的存在價值感和重要感，那會像吸食毒品一樣的產生助人上癮。只要卸下殉道者的身分和形象，你就會因為空虛和無價值感，產生戒斷的痛苦和焦慮反應。

要讓自己先有充實的價值感和自尊，這樣你所付出的關懷，是出於你對社會責任所做出的選擇。然後，因為有建立界限，當你付出自己一份力時，也是貢獻及回饋給世界，而非是為了滿足自己的價值感，也不是滿足他人的依賴感。

任務3 真正照顧好自己，才能照顧好別人

當殉道者將為他人犧牲奉獻所獲得的成就感，凌駕於照應自己的需求之上，

殉道者會無止境地掏空自己，甚至刻意漠視自己的需求與感受，只為了支撐自己能夠持續為他人提供幫助及付出。

然而，當自己的需求與感受，長期匱乏和受到忽視，最終殉道者將感受到一種無以為繼的枯竭。如果殉道者願意暫停下來，聆聽自己內在的聲音，回應與照顧自己的需求及感受，將會發現自己能夠連結內在力量的源頭，為自己想要實現的理想世界提供更多的給予和付出。

殉道者重要的功課之一，即在於珍視自己的存在與價值。自我價值感不應建立在成為他人的拯救者，甚至是無可取代的「工具人」。在任務面前，若將自己「去人格化」，讓自己成為自己規劃中完美的祭品，換來的不可能會是自己的「神格化」，反而會是一場虛空及毀滅。

惟有當殉道者把自己納入值得自己奉獻、照顧的首要目標，當自己受到最妥善的照顧時，才能真正擁有豐沛而真實的能量，去完成幫助他人的理想和心志。**沒有好的自己，則沒有健康的關係，這不是自私，而是一種懂得「量力而為，即是負責任」的成熟態度。**

最有效益的幫助，就是施者及受者皆成長，並獲得生命所需的滋養和培育，沒有人在當中被漠視或貶抑，也沒有人的人格在當中被分別為貴賤。

懂得尊重自己的人，才能給出尊重的幫助；而被尊重善待的受助者，也會回饋敬重給付出者。這才是一種雙方都能共同提升、受益的愛的流動。

強化內在力量的練習：能夠付出，即是回饋

殉道者的自我提升，在心理的練習上，是需要兼具理性和感性的。只動用同情心和惻隱之心，卻不動用理性去思考及辨識，以及分析出最佳抉擇，無疑是讓自己推向被濫用和被虐待的處境。

別把自己的犧牲及付出，給予別人施虐的理由，使自己受虐。犧牲，不等於受虐、受傷。有些認知不清楚的殉道者，受到了虐待及傷害，卻還以高道德及教條、訓誡來合理化自己是為家族、團體、機構犧牲捨命。甚至為錯誤的教義或心理操控的組織，自願捨命（例如：恐攻的恐怖分子）。

一個沒有完成前面人格原型修練的殉道者，很容易投射自己的孤寂及無助，在別人身上。

從別人身上看見自己壓抑於內在那來自過去的悲辛和孤苦無依的經歷，而無可自拔地做出拯救及關懷行為，以此來解緩自己的焦慮和脆弱感。

所以殉道者的正確力量，必須建立在前面四個原型能量的功課都如實經驗，也完成了此次轉化循環的修練和疏通，才能走過、認出自己的傷。先陪伴自己療傷止痛，並重新學習愛，以愛擁抱自己、安頓了自己的功課。

真正的殉道者是懷抱著理想與關愛，由自身擴及至他人，而不是藉由拯救他人的行為，挽救自己的破碎與孤獨。正確的方向是由內而外，讓自己的能量滿溢與擴散，而不是對自身能量的掏空與耗竭。

能夠付出，即是回饋，而不再需要其它的回報。

付出與奉獻不能是一種交換，而是內在圓滿的展現。當自身轉化圓滿，所做的付出與奉獻，才是一種正面能量的匯集與連結，也更能提升自己的內在生命，向上循環，前進成為魔法師。

提升自我的修練清單

□重新體會及了解照顧和付出，是基於愛，而不是過去家庭的教條、訓誡或要求。

□深刻地反思自己，所付出的、犧牲的是出於心甘情願，還是被道德綁架，或是以此交換自己空虛的價值感。

□面對及承認你的付出是否造成誰的依賴或索求。因為你沒有為自己設立好界限，以致造成彼此的傷害。

□從生活中，開始學習辨識人們的需要，以及在自己有限的能力中，實際上可以付出多少。並為自己的付出負責，不會因為沒有獲得期待，而後悔及氣憤。

□讓自己成為真實的殉道者，懂得愛的真諦，及具有智慧和能力助人。而不是淪為悲情受苦者，為別人扛著生命責任，深陷在痛苦地獄中。

心靈提醒

你不需要以善良無私做為自己的假面，害怕自己落入「自私者」的批判。社會運作的根本，就是建立在每一個人都可以把自己照顧好、保護好，而不是把自己弄壞了、破碎了，才是無私的善良者。

停止以偏頗及不合理的觀點來束縛及虐待自己。你真正透過自己活得好，才有能力和能量讓別人因你得福。你真的成為一個內外富足的人（不代表有錢），才可能建立良好的關係。否則就可能造成彼此共依存的關係，或是偽裝掩飾自己的怯弱罷了。

內在人格原型06

魔法師（Magician）

「唯有寂靜之中，話語發光；唯有在黑暗中，光亮發光；唯有在死亡中，生命發光：猶如一片虛無的天空，照亮了老鷹的飛翔。」——娥蘇拉．勒瑰恩

鍛鍊任務　成為內外合一、統整的愛行者及育成者。

轉化目標　善加經營個體的生命，成為自己與宇宙間寶貴及和諧的平衡。

如何完成此階段的生命任務？

華人社會有許多偽魔法師，對外誇耀及彰顯自己的奇妙神力或是奧妙秘訣，能引領人逢凶化吉、否極泰來、心願完成、一生無礙。當然，前提是，你必須源源不絕地供應他各種身心靈的需求，視他為生命的燈塔和救主。

真正的魔法師會謙遜自持，不發狂語，不做商業性的戲劇化套路，誇張地要表演神蹟、神奇術，或是賣弄自己的地位和過往的豐功偉業。

華人崇尚名師、崇拜有頭銜、有地位的名人，多少也會幻想自己有一天也到達那樣的高位、名聲，受人尊敬。所以，這個世界每天都在產生偽魔法師，宣稱自己擁有天賦異能，只要接受指點，必定脫胎換骨。

然而，真要探究起來，當中沒什麼實質的方法，論點空洞滑稽，只要有思考辨識能力的人，都可聽出當中拙劣且荒謬的行銷術。但卻能吸引內心空虛、徬徨無助，充斥對自己負評及低自尊的人。

真正的魔法師能真實地通曉天道，卻不以此自稱為神，供人膜拜，或要求別人必須供其所提出的代價，無論是金錢、物質、住宅或是任何的奢侈品（請看緊自己的荷包和心理空間）。

真正的魔法師是愛的分享者和實踐者，他們將上天對世界的慈悲和愛分享出來，讓每個人體會到身為人，我們都值得尊重、平等、接納及愛。超越一切有限物質世界的建構和框架，引人真實地認識生命，就是魔法師的天命。

但華人社會畏懼權威者，又想成為權威者，以為權威者就可以任意地宰制別人，並奴役別人。這種矛盾及衝突，常讓進入魔法師階段的個體，誤認為要成為別人的引領，必須展現過往社會的權威性、批判、指責、訓誡、羞辱，來獲取他人的服從及仰賴。

魔法師群體當中，若有個體未通透前面五個原型能力的修練，進入群體後則會引發黑暗面的野心及控制欲，進行彼此間的鬥爭和殘害，並迷戀權力的掌控，而導致內部派系紛爭。

在魔法師階段，人們通常會更聚焦在自我整合及愛的功課上。因此，此階段的魔法師，要更能覺察及辨識出人性的陰影。

榮格曾說：「要化解存在於別人身上的陰影，從自己的陰影下手最為見效。」那些我們最難相處的人，正是反應我們內心陰影的人。若魔法師無法駕馭及整合自己的內在陰影，必然會將這些陰影投射及移情於外界，特別是在其他人身上。所以魔法師要能認出陰影，不受陰影支配及挾持，但也不是剷滅或批評陰影，因為它真真切切是自己的一部分，需要由自己去化解、療癒及轉化。

陰影，需要被承認及解放，但若讓陰影任意而為、極端擴張，以失去平衡的強大姿態吞噬主體，那我們將會把陰影像惡魔一樣地養大。最終，魔法師有能力以愛及包容平復陰影的受傷及受挫，讓陰影只是陰影，是我們整體生命的一部分經歷、一部分存在。

在前面的五種人格原型的鍛鍊中，大多必須面對問題，而這些人生的問題可以「惡龍」的隱喻呈現。我們練習與龍對抗、擊敗龍，或是為屠龍奉獻生命。但走到魔法師的階段，惡龍不需要被制伏或擊潰，而是被連結及馴服，使其成為完整世界（宇宙）的一部分。

魔法師的修練是一種超越的修練。離開出生後受到物質世界的框架及制約，為了生存而不停奮鬥、奮戰，以為能夠生存就是要符合主流社會所運作的規矩；並在似是而非的混亂訊息中，執著抓取某種賴以活命的信念。然而，那些信念可能讓我們失去完整、自由和靈魂。

魔法師已走過修練，也超越了那些有限框架和制約，明白生命的路線最終是走向和天地融合。我們不需要戰勝天，只需回到連結和信任，我們行走於世的需求都有老天眷顧。我們只需將此生完滿，為自己的成熟及自我實現，做出明智的抉擇。然後，讓內在的溫厚和愛的能量，流動在所處的環境中，促進人們與內在自我的和好、整合。

任務1 超越二元對立，視生命為一個整體，走向圓滿

身為魔法師，須學會不以好壞、對錯的二元對立來看待生命、解讀人生。能夠明白禍福相倚才是人生的真相，如老子所言：「禍兮福之所倚，福兮禍之所伏。」沒有永恆且絕對的福，也沒有永恆絕對的禍。所有的福禍都只是經驗和事件，真正的分別及評斷是人的內心所做的反應。

在人生這一回合中，只求全勝、全有、全好，是一種不切實際的執念，更是未經轉化無法通情達理者的愚癡。就人格養成來說，這是一種執迷於自戀的人格者會出現的模式。通過六種人格原型的修練歷程，一個人內心若能通達這世界是萬物的共存，不再退化地想簡單以「幼兒」的心態來簡易二分這個世界的存在，他必能明白了悟一切相生相剋、生生不息的運作道理。

想用自己有限的腦袋，自大妄為地對這世界的現象論斷、評價，慢慢地就會走到心胸狹隘，看什麼都不合心意、不順眼的境況。在華人社會中，不乏有人越活越退化，也越跋扈，不理會他人感受的例子。

這並不是真正地安然自在、心安理得，反倒是自我中心及沒有同理心的特質已毫無顧慮地占領主體，才會發號施令地要周圍人全照著他的意思。

魔法師的修練，就要真確地觀察世界，能分辨出具有智慧和愛的行為，深知自己所修行的是自持和謙遜。日日保持心思意念的覺知，不受無意識和童年制約的自動化反應操控，而形成無法統整的自我。

任務2 將痛苦轉化為滋養和愛

魔法師階段，個體具有療癒力量和引人突破關卡的能力，因此，魔法師所在之處，很容易帶給周圍的人希望、支持及鼓舞。但也因為如此，人們會湧向魔法師，想要魔法師點化提示，好讓個人不明白為何要遭遇考驗及問題的糾結情緒，得以化解。

因此，魔法師若沒有完成「殉道者」的修練功課，他就無法建立心中的界限，並且為了維護好自己的狀態，了然於心地對待及處理。在界限和自我維護的認知都建立的情況下，魔法師才能將好的修復及支持能量，傳達給這世界，以及他遇見的人。

魔法師會接受上天的安排，知道相遇有時，分離有時。魔法師對於幫助和療癒的觀點是，給予能夠自助的人，樂見生命的轉化，但他已不是「殉道者」那樣，覺得「成功一定要透過我」，他能給就給，給了也就離開。他相信一切自有所成的時機。

如果他看見人們沒有表現出需要他的幫助或導引，他也會靜靜地、默默地觀看一切的發生，雖然心裡知道，也不輕言改變生態，及粗魯蠻橫地要主導什麼。

倘若，魔法師真的願意為人留下來，為某個有短暫緣分的人排解憂慮，那麼魔法師必要且重要的修練功課，就是具有轉化痛苦的能力。魔法師必須帶領人們明白，那些因為痛苦而膠著的生命經歷，是來自我們的僵化和執念。而因為魔法師是親自從「孤兒」一路歷練過來的人，因此更能領悟在痛苦與哀怨中的人，需要的是滋養、肯定和愛的擁抱。

因此，魔法師不懼怕所謂的負面情緒經驗或人間的黑暗面。他深入黑暗，就是為了要將光帶入。但他以慈悲及寬容帶人們離開黑暗，是為了讓人們有機會也鍛鍊他自己，成為他自己的英雄，成為魔法師，而不是要帶人歸依他，使他壯大聲勢。真正的魔法師知道自己的責任，也知道責任已了，就不帶任何的憂慮或罪惡感，瀟灑離開。所有的生命，自有他的際遇和機緣，魔法師深知這個道理，就像他自己的生命一樣。

任務3 從容面對生命限制，臣服於自然運行之道

魔法師已經走過那為了生存汲汲營營的歷程，因為鍛鍊內在的力量，讓魔法師掌握並駕馭了自己與生俱來的天賦、特質、才能、陰影。如今，能完整地接受自己，欣然喜悅地接受自己。因為和自己有充分的連結及信任，所以內在不再混亂和衝突，一切的言行舉止，自然而然流露出一種安穩和篤定，並讓接觸魔法師的人，都可以感受到如沐春風的從容優雅。

魔法師為什麼能做到不再衝突和自我對立呢？很重要的是，魔法師明白自然的定律，對於生而為人，所要經歷的就是生老病死的功課有所覺悟。因為知道人限制，也知道人的終點，魔法師更能臣服於天道，知道自己亦是宇宙變化洪流裡的一粒塵埃罷了。

我們無法真正地緊抓住什麼、擁有什麼。當你以為自己擁有的那刻，其實你已經在失去它了……包括生命。因此，魔法師因為知曉世界乃至宇宙的運行之道，他不會再有妄念，以為自己可以人定勝天，超越生命的限制，成為不朽的強人、超人。

臣服，就是接受限制，也是將自己的生命交托給上天，而不是任何有限的關係或物質世界。想透過抓取關係來獲取安全感，以迴避生老病死的命定，是虛妄也是自大。

我曾經聽到一個病房的故事，一位九十歲的老翁，在臨終之際，用最大的力氣，對著身邊滿心等待他說出最後的溫馨遺言的家人說：「我真後悔生養你們，你們竟然沒有把我治好……」

什麼樣的心性和性格，會在最後什麼都抓不住的臨終時刻，不是帶著愛與圓滿告別人生，而是以怨念及仇視留下讓家人痛苦的話語。健康的人不會折磨他人，往往是那些曾受折磨的人轉而成為折磨他人者。榮格如此說。

魔法師的最終，要為自己的生命健全負起責任，也為這世界的健全及生命的健康，付出行動。然而，這一切不是傲慢地要證明自己的能力，而是因為愛。

強化內在力量的練習：活在當下

魔法師階段提升自我內在力量的練習，就是學會活在當下，不執著、不強求、不衝突，內在安穩而寧靜。

唯有寧靜的心，才能以靜觀動，更能看見這世界的轉變和移動。煩躁和焦慮的心，是無法鍛鍊如魔法師的沉穩及內斂，更無法和內在真我保持連結及整合。

魔法師的內在安全感，不再是想從這世界獲得，而是和上天連結，自然了悟生命本屬於自然法則，也不用再受物質世界的迷惑而淪陷。

所以，在經歷魔法師的你，適合為自己真心想要的生活而行動，不再受過去的人情義理綁架或顧慮，真實為自己接下來想過的生活進行斷捨離，留下自己真正喜歡的、想要的，割捨過去不得不的、勉強的。

當你完成一次斷捨離，無論是物質的、關係的、習慣的、情感的……每一次的完成，都會帶給你淨化和輕鬆，也為你重整一路以來的生命。

這一個階段也適合為自己修練陰影的整合。把你過去習慣投射出去的陰影（那些想對外批評、排拒、厭惡的人），現在一一地把投射收回來，不再本能地又往外發洩情緒，而是往內覺察自己的感覺、情緒、陰影可能的來源和記憶。

你需要明白，所有的人事物都像鏡子，我們以為看見的，其實都是來自我們的內心鏡映。我們內心是什麼，就會看見什麼。鍛鍊自己內在的沉穩及安靜，不再輕易隨外境變化而起伏、而混亂。我們要了解真正的問題，其實並不存在於外境，而是來自我們的內境。懂得控制及調節自己的心思意念及行動，這才是魔法師的智慧。

提升自我的修練清單

□不再對世界萬物進行二元評斷。不會認為晴天一定為「好」，雨天就為「壞」。不會認為只有樂觀善良為「好」，悲觀心機為「壞」。練習體認及發現所有的物質或是存在都有一體兩面的部分，甚至多面的共存。

□體會與上天同步的感覺，所想能獲得回應及心想事成。更因此知道要駕馭及管控自己的慾望，不受慾望支配和反被控制。

□練習不焦慮的生活，隨遇而安、隨心所欲。知道只要你忠於自己，就能做出適當且明智的抉擇。

□超越及轉化任何由陰影而來的野心、放縱、邪惡、性慾及殘暴，能有智慧及愛去消融自我衝突及對立，達成整合的平衡。

□回歸二度的天真者階段，以最單純的直覺和人相處，感受及體驗到世界被創造的美好，生命的存在無須任何條件，皆有價值。

心靈提醒

想做一個愛的實踐者，需要自己內心先體驗到愛、接收到愛，進而成為愛。我們都能超越童年經驗對自己的創傷影響，不再淪陷於糾葛自己為什麼沒有好的出生、好的父母、好的伴侶、好的物質。雖然失去他們或沒有那些渴求的物質是一個事實，但魔法師能夠做的就是學習，學有所成，並透過自己的能力，創造出自己想要的生活。

魔法師的力量讓我們知道，我們最終能度過這一切考驗及挑戰，所有一切的安排，就是最好的安排。

結語

走過完整生命歷練，成為真正成熟的自己

我在生命的各個階段，無論是童年、青春期，乃至成年初期和中年期，都不屬於「人緣很好」的人。我的「自我」很明顯，無法隱藏的個體性常讓我無法「很隨和」、「很好相處」，對喜歡和不喜歡都很明確。即使知道自己喜歡的事，別人會反對、有意見……我也會去嘗試、去行動；遇到不喜歡的事，我會拒絕、保持清晰的距離，碰都不碰。

當我年紀還小的時候，會因此受到很多的批評，老師們也很想馴服我、制服我（當然我不會做任何違規或違反紀律的事），僅僅是因為我不是一個「沒有主

見」、「沒有想法」的人。對權威者來說，感受不到順服和諂媚，就不算是討喜的人。

出社會後，在職涯過程中我曾經遇到其中一位上司，把我叫進去辦公室「訓示」，說我像隻泥鰍，抓都抓不住。又說我若是不能幫他做事，沒有功能，要我做啥用。而我只是因為有自己的「倫理觀點」不能苟同，不能消音配合行事，我就成了完全「沒價值」的人。

我的一生並不順遂，也可說面對困難和壓力像是配飯吃一樣的日常。這社會的主流觀點、父權體制、男尊女卑的文化，讓我這完全沒有家世背景、人情面子關係的人，到什麼樣的環境，都會成為乏人關注的「邊緣人」。

對我曾歷經的生涯挫折，或遭受的莫名其妙評論和敵意驅離，我就不贅述了（若要認真說也說不盡）。我其實真正想說的是，對於這樣人生的一番體悟：這些人、這些事，缺一不可，若少了過程中的什麼經驗和考驗，我就無法成為現在的我。

我們的人生是短暫而有限的，同時有它的生命歷程和際遇。很多痛苦和恐懼、煩惱，不會在我們年輕時就迎刃而解，總要一波波地衝撞、一次次地覺醒、一遍遍地領悟，才能漸漸地將我們從自我懷疑和自我防衛，緩緩解開、和好，一次次地更覺察自我，也更處理和清理內在因為過去混亂不明、破碎不堪的遭遇，所造成的錯亂和分裂。

這是急不來的。所以你需要接納自己的狀態和速度，但同時如實地練習自己的功課。

外境的所有遭遇都會有過去的一**天**。時間從來沒有為誰停止，所有一切的外境都在變化，它們並不長存而永恆，跟人心和人的面貌一樣千變萬化而複雜。

但若是你要執著在某一刻的揚眉吐氣、某一種證明自己是「對」，不是「錯」的對立中，或不甘願地想要讓你受苦難的人，遭受慘痛報應……那麼，你的世界會停止、你心裡的地獄會走不盡，你的爭鬥之心漸漸會化為無力和沮喪。因為那些已經發生過的誤解、背叛、攻擊、崩塌、遺棄……都已然發生，你並不能讓時光逆轉，再一次去改變什麼。

你唯一能改變的是你的內境，也就是你心裡的世界。這個內心世界是一直吞噬著你的存在、折磨著你，還是讓你一次次更知道自己要成為一個什麼樣的人？知道你自己該如何去接納真實的自己，而不迷失在別人混亂也充滿投射的心理操控或防衛裡糾葛不清，難以走出自己人生的新局面。

一個人活著，若要選擇停留或困在那些負面循環的人際互動，及各種負面傷害裡，那相信沒有人會找不到他主觀中認定的「傷害」。每個人心中應該都有一本「記仇錄」，記住那些曾遭受過的委屈、不公、惡意和輕視。

但是，我們的人生是否只想記住這些？這是考驗一個人的「選擇力」和「辨識力」。

我的各種職涯經驗裡，曾經有一段時間，我在安寧病房工作，停留在臨終病人身旁，見證他們走完人生最後一段路。對我來說，那些經驗讓我深刻地、真實地體悟到生命最終一刻，是一生的大驗收。

你生命的過往留著什麼，將影響臨終的歷程你會如何離去。你是怨懟、不甘心、委屈、不滿、憤恨，還是了然於心和心安理得？

所以，我下定了決心，要學會「放手」那些過往的仇恨委屈等任何「受害」

情結，有意識地選擇留下對我來說富有正面價值的意義，關於愛、感謝、珍惜、喜悅、滿足，和自我實現等人生的正向經驗，這是我為了自己人生所選擇完成的方向。

我要將生命的選擇和力量，握在自己手中。

在各種情境的運轉中，我有意識地覺知自己在歷練什麼樣的內在功課、訓練自己如何面對和解決情境所帶給我的挑戰和衝擊，並試著安頓自己。

如果，我們活著只是把「自己」的存在狀態，歸咎於環境對自己肯不肯定、成不成全，希望有一個完美理想世界來滿足我、喜愛我、接受我……這其實是妄想、不切實際的期待，也是一種把自己能夠成長及鍛鍊的力量捨棄，只想活在妄想的理想化世界。

這真實的世界，是由各種不同人格組成的世界。在被建構的表象下，其實是複雜且層次很多，甚至充滿矛盾的世界。無法面對複雜，及處理複雜的人，就會以簡化、二元對立的判斷、斷定來看待世界及自己，而難以理解及整合其複雜的多元觀點和可能。

不能否認，在傳統的控制教養方式和填鴨教育的運作下，我們能處理複雜、面對複雜，及接受多元觀點及進行討論的能力，鮮少訓練及發展。所以總是簡化地想要正確答案，又很難自我摸索地探究原理，也很難深入性地看待問題的現象。以致當自己和外境有衝突或挫折時，就陷落「我好，你不好」或「我不好，你好」的對立關係中，極端地否定自己，不然就極端地憎惡對方。

如果，你真心想要讓自己安穩，讓自己自由，那麼試著不要耽溺在情境中，誇大及翻攪你的情緒。

而是從情境中，緩和下來，試著和自己對話：這個情景、情境的出現，讓你看到一個什麼樣的自己？這個自己究竟在堅持什麼、在乎什麼、渴求什麼？

這是自己真心想要的、渴望的？還是被社會操作下、害怕自己無能、無價值感，害怕自己不夠好，所反彈出的焦慮和自我懷疑？

你越不認識自己，越無法和自己真實面對，你就會迷失在外在環境設計及操控的心理遊戲中。不論那是要你順從、取悅，還是要你競爭、恐懼，而被制約在環境的評價和看法中。

你什麼時候清醒，往內看見自己的力量，你就什麼時候解脫，走出困境。

外境存在，其實也不存在。你的內境如何才是決定一切的關鍵。沒有穿越過地獄的心，無法堅韌，也無法領略成為英雄，是一場從害怕、無助、膽怯中，決定冒險、摸索及真實克服、走過的蛻變歷程。

成為你自己的真實英雄，鍛鍊你自我的茁壯，這比任何一切的外在投資、外在獲取、外在索求，都值得你投入和積極以對。

蛻變及成就自己，當然不是一時之間可成，好的是上天給了我們一輩子的時間，允許我們探索及嘗試，也允許我們實驗及體會。只要我們帶著高層意識，旺盛的覺醒動機，這段歷程的每處風景、每個環節，都是值得的經驗，沒有一刻是白費、沒有任何一段路是白走。

Q&A 內在人格原型・心理諮商室

Q1 一個人一輩子只會經歷一次人格原型轉化的螺旋循環嗎？

A：當然不是，我們第一回合的進行，都在完全沒有覺察及意識的情況下。雖然由於遭遇情境因素，我們還是會歷練原型當中的任務功課，但是所能覺知及意識之處，還是有限。因此，螺旋向上提升的六人格原型歷練，不會只有一次。在一生之中，有些人會進行三到四次。但對大部分人來說，有感的至少會有兩回合。

當你在回顧人生歷程時，你可以畫一張人生歷程表，依照歲數年齡，將你的重大事件分別記錄下來，再來對應每一個人格原型的課題及需要走過的學習，你會比較清楚這些人格原型在你生命歷程中如何地運作及發生。

Q2 如果，我同時有兩個或三個能量一樣強的人格原型，那代表什麼含意？我該怎麼做？

A：這表示你有一個主要人格原型正在修練，但是你也被其它人格原型的能量吸引而轉移注意力。這可能表示，你正在修練的人格原型有卡關，沒那麼順利因應或突破，而其它的人格原型特質和型態，可以讓你轉移注意力和專注力，離開那種突破不了的困窘或挫折感。

常見的轉移例如：在孤兒原型的人無法承認及接受自己的失落，也無法經驗自己痛苦的情緒，並加以自覺而探索內在，而把能量轉移至成為殉道者，透過為別人付出及照顧別人，來換取自己所失落的關注及對愛的渴求。

或是，轉移到魔法師的能量，以可以幫助別人，給人指引和協助，要別人依賴他，來彌補自己所失落的伊甸園，聚集群眾，自成一圈自給自足的理想家園，以此來杜絕自己不再被遺棄、不再感受到孤單及無助。

Q3 我一定要依循著六種人格原型的順序修練，不能跳著修練，或是改變修練順序嗎？

A：原則上，盡可能以六個人格原型進行修練。為什麼呢？因為後面的原型人格所需具備的領悟及能量，都來自前一個人格原型的修練。

跳著修練，就好像有些階梯踩空，或是跳過某個重要的技能一樣。雖然你好像衝很快、成長迅速，但其實根基不穩，或扎根不足，很容易在遇到挑戰及挫折時，就倒退跌落，而且可能一跌，就跌得很深。

依序修練就好像我們從一年級、二年級、三年級讀上來……這樣依序的晉級和成長，若跳過某一個年級的課業或學習，不僅後來會感到更吃力，也可能遇到銜接不上的困難，後來乾脆全放棄了（拒學）。

Q4 一個原型階段要歷經多長的時間？如果我費時多久可能是沉淪或延宕了，沒有實際在修練這些任務？

A：人格原型的歷練時間，因人而異，從天真者要真正地進入孤兒原型的修練，每個人起頭的時間都不同。但從進入孤兒原型後，依序地從流浪者、鬥士、殉道者到魔法師階段，每一個原型大致會進行約兩年的時間。也就是整個螺旋循環歷練下來，會是十年左右。因此，才有一句話說：「十年磨一劍」，也就是學有所成的意思。

但是，第二回螺旋或第三回螺旋，會因為第一次經驗的累積，及抓到訣竅的關係，後面的歷練時間會縮短，蛻變或成長的跡象會更快速。倘若，第一回螺旋至第二回螺旋，個體都仍無覺察及意識，關於生命的體察及覺悟尚無實質回饋給自己。那在懵懂無知下，修練可能不是十年或是更短的時間，而是延宕了某個原型任務的功課。就像是學分一直考核未過，無法順利完成該年級學業的感覺。

Q5 如果我知道了自己人格原型修練的卡關之處，又覺得沒有能量改變或進行修練，怎麼辦？

A：確實，能量對我們的學習成效有很大的影響。若是能量不足，在進行任何學習時，都會後繼無力，不論是理解或吸收，或是反思及回饋給自己的心得，都無法明確清晰。甚至會出現，好像安排了很多計畫，或是排了很多行程，但其實能產出的領悟和理解，卻非常有限。

這樣的時候，建議你以恢復能量為優先。或許因為你受傷太重、破碎得太厲害，精氣神全都渙散、支離破碎，要再往前鍛鍊自我、修練功課，這實在太為難了。

這就好像正在急救期的人，可能還在加護病房休養，我們卻要他立刻起床、復健、鍛鍊。但他根本連基本的營養都缺乏，還有身心組織的功能尚無法自體運作，我們就急著要他趕緊面對人生現實的問題，可能會力不從心，更感到挫折。

因此，請先專注地關切自己能量的復元，不論是需要補充營養、增加代謝力、修復器官機能、提升足夠的好元氣，請循序漸進，慢慢進行。畢竟，虛不受補，強烈注入太強烈的滋補，可能產生無法消化及承受的後果，得不償失。

換句話說，若想鍛鍊好原型人格的功課及任務，還是要有好的身心體魄，否則任何的學習都是吃力的，也可能因為回饋的成就感不足，而越來越乏力。

Q6 會不會有人一輩子都在同一個人格原型卡關，無法晉級、提升？

A：當然會的。事實上，有許多人可能沒有足夠的機緣去意識自己生命的課題，也無法覺察自己需要增強什麼、補足什麼。

而大多數在同一個人格原型階段卡關的情況，會是從不想經驗痛苦及悲痛情緒的「天真者」，又抗拒進入「孤兒」的人格原型。他們可能一輩子都著迷在浪漫戲劇裡、動漫裡，以此迴避必須面對及歷練的真實人生。當然就對於自己這一生要如何鍛鍊、如何成長，及自我提升，可能完全在無意識、無覺察的狀態中。

如果這是此人的狀態，你可能會想幫忙或提醒。我的建議是，在對方無法自覺及思考自己的生命之前，你的提醒和告知，都像是一隻烏鴉，讓人嫌吵而想迴避，也會讓人覺得你多事、小題大作。不僅形成別人對自己生命課題的抗拒，還影響到兩人之後的關係。

這樣的情況下，還是請專注在自己的學習及課題上，因為自己的生命課題（作業）只能自己做。

你一直恐嚇或威脅別人功課不做會被當掉或是留級，別人不會真的領受和深刻體會。你可以想一想，這或許也是他的必經之路，沒有足夠的痛苦感，讓事實擺在他眼前，他就是無法靠覺悟而明白自己的課題。所以，請學習「課題分離」，相信他自有他的學習機緣和歷程，這並非我們的有限眼光及智慧可以輕易洞悉的。

而你可以做的，只有把自己的生命過好，真實地成為自己，讓人看見這個見證。若是有人主動詢問，你就可以好好分享自己的經歷，和將生命鍛鍊後的智慧獻給這個世界了。

國家圖書館出版品預行編目資料

成為自己的內在英雄：6 種人格原型，認識「我是誰」，活出最好版本的自己！ / 蘇絢慧作 .
-- 臺北市：三采文化，2020.01
面； 公分 . -- (Mind map；197)
ISBN 978-957-658-270-7(平裝)

1. 自我實現 2. 成功法

177.2 108018912

注意：書中所附 QR Code 僅供本書搭配使用，擅自複製或移作他用者須自負一切法律責任。

suncolor 三采文化集團

Mind Map 197

成為自己的內在英雄

6 種人格原型，認識「我是誰」，活出最好版本的自己！

作者｜蘇絢慧
副總編輯｜鄭微宣 責任編輯｜劉汝雯
美術主編｜藍秀婷 封面設計｜池婉珊 內頁排版｜陳佩君
行銷經理｜張育珊 行銷企劃｜呂佳玲

發行人｜張輝明 總編輯｜曾雅青 發行所｜三采文化股份有限公司
地址｜台北市內湖區瑞光路 513 巷 33 號 8 樓
傳訊｜TEL:8797-1234 FAX:8797-1688 網址｜www.suncolor.com.tw
郵政劃撥｜帳號：14319060 戶名：三采文化股份有限公司
初版發行｜2020 年 1 月 3 日 定價｜NT$340
5 刷｜2022 年 12 月 15 日